LOCUS

LOCUS

LOCUS

LOCUS

from

vision

from 53 領導學散步
The 100-Mile Walk
作者： Sander A. Flaum, Jonathon A. Flaum
& Mechele Flaum
譯者：李明軒
責任編輯：湯皓全
美術編輯：何萍萍
校對：呂佳眞
法律顧問：全理法律事務所董安丹律師
出版者：大塊文化出版股份有限公司
台北市 105 南京東路四段 25 號 11 樓
www.locuspublishing.com
讀者服務專線： 0800-006689
TEL ：(02) 87123898 FAX ：(02) 87123897
郵撥帳號： 18955675 戶名：大塊文化出版股份有限公司

總經銷：大和書報圖書股份有限公司
地址：台北縣五股工業區五工五路 2 號
TEL ：(02) 8990-2588 (代表號) FAX ：(02) 2290-1658
排版：天翼電腦排版印刷有限公司 製版：源耕印刷事業有限公司
初版一刷： 2008 年 9 月

定價：新台幣 300 元
Printed in Taiwan

The 100-Mile Walk
領導學散步

Sander A. Flaum & Jonathon A. Flaum 等著
李明軒 譯

目次

代序：領導的奧祕

約翰・葛倫

成長過程中，家父會告訴我，一次世界大戰時他在法國當兵的種種故事，而我的家鄉俄亥俄州紐康科德鎮（New Concord, Ohio），就像膾炙人口的百老匯舞台劇《音樂人》（*The Music Man*）裡的小鎮。我覺得那是當時全美國最好的成長環境。因爲這裡有我的父親，溫馨又有企圖心的紐康科德鎮居民，還有一位偉大的高中公民課教師。因此，服務自己國家的渴望，很早就在我的心中萌芽，並且一直炙熱燃燒直到現在。

當一九九八年，俄亥俄州立大學成立約翰葛倫公共服務與公共政策研究所（John Glenn Institute for Public Service and Public Policy）時，我們的願景是，創造一個可以激勵年輕人立志參與公共服務的環境，一如當年我有過的感動。我畢生服務軍旅、美國太空總署和參議院。我很清楚還有許多事情等待大家來做。可是，誰會是新一代的領導人呢？誰來訓練、激勵這些人呢？年輕人如何瞭解，公共服務不僅是一項榮譽，也是很大的喜樂呢？我希望打造一個能掌握這些問題，準備以創意回應這些問題的場域。我可以很驕傲的說，這個研究所成立以來，雖然前面還有很長的路要走，但是我們已經在大步向前邁進。

當桑德與約拿丹請我爲這本書說幾句話時，我告訴他們，在領導這方面，我知道的並不比別人多。我知道這方面的書可以裝滿好幾個書架。我從在海軍陸戰隊服役開始，就在閱讀它們。儘管對我而言，這個課題依然像個深奧難解的謎。當我聽到桑德與約拿丹也是這麼認爲時，我有種如釋重負的感覺。因爲有時候努力與問題纏鬥，可能比試著提出井然有序的答案更重要。就在這對父子檔的堅持下，我基於兩個理由決定參與。

第一個理由是，這本書並沒有假設答案，它要求大家探索問題。它從不同領域的傑出領導人身上，分析眞實世界的領導人。這些領導人不僅知名度很高，更因爲他們每天都在身體力行。因此，這不是一本關於領導信念的書籍，而是探究眞實的人如何在各種不同的情境下實踐領導力。

第二個理由，也可能是最有說服力的理由是，這本書是由不同世代、不同觀點的父子檔合力完成。這本書呈現訊息的模式，在於提醒下一代領導人必須站出來，扮演更積極、主動的角色。在這方面，我毫不隱諱自己渴望能激勵年輕人，挺身擔任公共服務領域的領導者角色。我希望他們瞭解領導的快樂、責任和獎賞。

這本書對年輕人說話。它邀請年輕人發展自己的領導力。這是一個不搞長篇大論，呼籲年輕人行動的召喚。這本書彰顯了我每天與年輕人互動的目的：保持對話。這本書讓老一輩和年輕世代一起討論，目的是發現什麼樣的素質能讓一個人成為好的領導者。我們需要一起探討這些問題。我們需要爲不同年齡層和世代，創造一個他們能一起領導，並能瞭解彼此差異的空間，好讓我們能完成比個人目標更偉大的使命。

當我第一次環繞地球航行時，真的被大氣層的脆弱震懾住了。對整體人類而言，那個夢想成真的經驗何等珍貴。我從未忘記那次太空軌道航行的感受。我們從事服務和領導的責任是重大的。如果我們的下一代並沒有受到這樣的啓示，做好準備，那將會出現重大問題。希望這本書能充當終生追求領導生涯的路標。在這條路上，永遠有更偉大的使命——一些可以超越地平線，指向更遠大目標的使命。（編按：約翰．葛倫〔John

Glenn〕，美國前參議員，舉世聞名的太空人。他曾參與美國太空總署一九六二年的水星計畫〔Mercury Project〕，搭乘「友誼七號」〔Friendship 7〕太空艙進入地球軌道，順利成為環繞地球軌道的第一位美國太空人，該計畫也將美國帶入以登陸月球為目標的新時代。一九九八年，他以七十七歲高齡，搭乘「發現號太空梭」參與科學研究，他也因此成為有史以來年齡最大的現役太空人。）

謝辭

桑德

幸運是什麼？不一定是得到你想要的，而是發現自己已擁有的。這樣的福氣一旦來臨，你將看清楚什麼才是你應該追求的。

——蓋瑞森・凱勒（Garrison Keillor）

這本書的願景源自我對領導活動的高度好奇心……不管領導力眞正指的是什麼。當約翰・葛倫寫下代序時，我還不確定自己能否給領導力這個詞彙做出定義；不過，當我看見別人展現出領導力時，我確實能描述它。我因爲職務關係，有幸接受一些非常非常優秀、陸續在本書中出現的人物指導。他們教導我、我的學生、約拿丹（Jonathon）和蜜雪兒（Mechele），人們是如何被激勵，熱情是如何被灌輸，偉大的執行力又是如何表現出來。本書中所探索和研究的對象，都是在他們的生命中對所屬企業、城市、大學和有幸與他們共事的人做出重大貢獻。

我眞誠地感謝約拿丹和蜜雪兒。他們在我思考、撰寫和表達有關領導力的思想上，幫了非常多的忙。這本書能夠有些令人莞爾的部分，都是他們的功勞。

回到凱勒（Garrison Keillor）和他對好運氣的描述，我很感謝上蒼賜給我帕蜜拉（Pamela）和約拿丹這麼棒的子女，身邊也總是圍繞著他們聰明可愛的孩子們。我在晚年還發現自己擁有美好而非凡的妻子蜜雪兒的支持與愛戴。如果沒有她的靈感、邏輯和支持，就不會有《領導學散步》（*The 100-Mile Walk*）這本書。

還有，我要謝謝阿德妮・熙企（Adrienne Hickey）。她是才華洋溢的美國管理協會出版社（AMACOM）編輯。她那群傑出的同事，尤其是企劃主編貝里・理查森（Barry Richardson）和美國管理協會出版社行銷溝通系列主編佛羅倫斯・史東（Florence Stone）。我也要向美國管理協會負責人鮑伯・史密斯（Bob Smith）脫帽致敬。

本書鎖定在輔登領導力講座（Fordham Leadership Forum）的講者。我必須謝謝輔登大學前任校長約瑟夫・歐海爾神父（Joseph O'Hare）和前任院長爾尼斯特・史卡爾伯格（Ernest Scalberg）找我來開這個講座。我也向現任商學院院長夏隆・史密斯（Sharon Smith）博士，還有現任校長、我深深尊敬也是我的教誨師——約瑟夫・麥克蕭恩神父（Joseph M. McShane）致敬。最後，感謝本書的經紀人，Dupree-Miller & Associates 的珍・米勒（Jan Miller）和麥可・布勞薩德（Michael Broussard）。他們一直對本書的內容保持理解和信心，讓本書得以在美國管理協會出版社順利出版。

約拿丹

當本書完成後，我與妻子泰咪（Tami）、兒子雷恩（Ren）一同到黃石國家公園旅行。在從鹽湖城下飛機，開車前往懷俄明州的路上，我驀然想起，我們大包小包的行李中獨缺望遠鏡。我發誓在進入公園前一定要買一副，結果還是忘記。接下來，眞怪，在這一週當中，我們看到的野生動物，竟比我和妻子曾在這裡工作兩季時看到的還要多。我們每天從小木屋開車進入公園的路途上，必然要經過一個禿鷹的鳥巢，也看到相距不到兩百英尺處的棕熊，還看到一大群北美野牛，大量赤鹿，甚至叉角羚羊，統統透過肉眼觀察得一清二楚。假期的最後一晚，在鹽湖城的旅館中，我夢見我在自己的背包裡發現了望遠鏡。醒過來後我開始思考，如果前幾天我們有這副望遠鏡，整個旅行又將是什麼模樣，那些野生動物會不會就不出現呢？

撰寫這本書時，我並不需要望遠鏡。每個人都走近我，向我說明領導之道。這些領導人樂於分享他們的故事，使得我們的工作變得更容易。美國管理協會出版社主編阿德妮·熙企提供重要的視角，讓很多事情出現新的詮釋。她的直率也節省我們很多時間和力氣。我的繼母蜜雪兒更是絕配。她專注，淬煉細節的功力無人能及。她發揮實事求是的長處，協助我們管理和編輯這個專案，推動我們將工作完成。

父親讓我進入他的世界，也讓我能輕易接觸它。他對展現自己毫無保留，因此我得以更容易瞭解他。這項禮物的價值是難以言喻的。打開我的視野，讓我看清楚生命中什麼才是最重要的，則是我的愛妻泰咪。她的愛是無可估算的。最後，我要感謝吾兒雷恩，因爲他一直在教導我身爲人父還有人子的道理。

前言：走在碎石小徑上

桑德的觀點

市面上每年出版二百五十本關於領導方面的書籍，它可以稱得上是很大眾化的主題。這些書，我讀過不少，尤其是那些把企業越做越大，或是如威爾契（Jack Welch）、包熙迪（Larry Bossidy）等我敬仰的執行長的著作。我個人作爲一家大型跨國企業的前執行長，確實從他們的書中學到很多。

我也看如華倫・班尼斯（Warren Bennis）、彼得・杜拉克（Peter Drucker）、諾爾・提區（Noel Tichy）等學者的著作。他們的書主要是在指導像我這種老傢伙，或更適切地說，老一輩寫給老一輩看的。

與領導有關而我一直面對的挑戰是，這些知名領導高手的智慧，對二、三十歲的企管碩士生而言，通常與他們目前的經驗有落差。這導致我決定寫一本能含括二、三十歲，以及四十到六十多歲兩代讀者群，有關如何成功扮演領導角色，還有當代領導人如何處理領導問題的書。

這是一本關於勤奮工作和自我犧牲的書。閱讀過其中所談論的偉大領導人，你極可能決定不再以主持一家公司或工會，成爲總編輯，或當上貴組織的頭頭，作爲矢志追求的願景。不過，如果勤奮工作和自我犧牲符合你的人格特質與生活形態，你也會懂得比競爭者做出更好的準備，進而搶先行動以利生存，並從領導工作中獲得更多的滿足。

我寫這本書，目的是揭露那些受到部屬愛戴，被看成是優秀領導者的洞見、作爲、個性及人格特質。我觀察他們，不僅是從我企業執行長的老經驗，也從我指導的年輕企管碩士生的觀點。在每一章的結尾，你還會聽到我的兒子約拿丹的看法。約拿丹三十六歲，是個創業家，也是禪宗修道者。他教導我許多在截然不同於舊世代的情況下，經營企業的新方式，而那絕非從任何案例研究中可以學到的。

當你讀下去，你將很快明瞭這裡面並沒有「一體適用」的領導學。然而，你也將很快汲取我們的領導英雄的經驗，其中包含他們心靈和內在的道德堅持。他們每天努力實踐且反覆操練的，也是你每天要做的功課。沒錯，這是苦功夫。爲了躋身組織的層峰，需要花那麼多力氣、專注力、汗水和犧牲，值得嗎？只有你能判斷是否值得。我很希望當你閱讀完這本書後，你能做出判斷。

不同的世代與人格特質，都有自己的領導方式，我的前提是，如果大家要一起進步，領導時就必須知己知彼。頂多，我們也只能透過研究領導人在企業裡的慣常作法，與他們所屬時代的領導精神，大概瞭解什麼因素讓他們在壓力下依然表現傑出。在此，首先從約拿丹與我的簡介開始。我們是很典型職場中的老一輩與新生代，我們有很多差異，可是如果我們要完成工作，就必須找出一種彼此都能接受的方式。

在完成本書的過程中，我發現我的兒子、學生和年輕員工，雖然穿著與我相似，可是衣著底下其實是截然不同的人。一次又一次，我發現在同一屋簷下共事的不同世代與不同人格特質的人，在對企業、領導典範、生活形態的看法上，其實是南轅北轍。如果老一輩領導人不能與年輕一代有共同的價值觀點，如何邀請他們成爲領導人呢？

我們是否一直沒有注意到對方想強調的重點呢？我與約拿丹雖然是父子關係，可是很早就出現這種問題。我開始思考多年來約拿丹在某些事上對我的挑戰。那些被我認爲與企業無關，怪裡怪氣的哲學想法。直到約拿丹踏入企業，我才瞭解到，如果企業不能吸引能思考、能寫作、能溝通，並且像他一樣有領導才華的年輕人，根本是自斷生路。然而，這樣的機構確實還不少。它們對如何接觸、培養能躋身財星五百大的年輕一代，毫無概念。

我並不是因探究這類問題而變得多愁善感，而是想到了自家企業。就在我的公司裡，新舊典範（參見下頁列表）正在融合當中，老一輩和年輕一代領導者需要相互熟悉，就像瞭解一個銅板的兩面，要不然可能就會虧大錢，讓重大的突破不翼而飛。

我認爲約拿丹與我正是這個問題的隱喻。約拿丹有非凡、自然的領導技能，廣泛的興趣，勇敢，正直和調適能力，這些都是他們這一代極佳的特點。至於我的方面，工作狂的倫理概念、對方不點頭不放棄的頑固、創造力、穩定性、自我修練以及強硬不妥協，則是我那一代的特徵。每一代和他們的特質都需要另一代，就像父子相互需要一樣。兩者之間少了堅實的連結，雙方都是不完整的。

寫這本書，目標不是長篇大論地從上一代談到下一代。這對教授（或執行長）來說很平常，他們總是在台上沒完沒了地漫談，看到大家假裝很有興趣的樣子，就認爲大家「懂了」，其實聽眾們是在等待下一堂課，或等著下個月的薪水入帳。我希望確定這種情況不會發生，我也相信兒子會協助我，質疑我，讓我保持誠實。

舊典範	**新典範**
逐季增加營收	捐贈一成利潤做慈善
女性不易晉升領導高層	女性當執行長合情合理
競爭打造成功團隊	協作產生成功團隊
由上而下的管理模式最佳	先建立共識，決策責任仍在高層
論資排輩	鼓勵**各級**員工創新
爲成功而打扮	穿著考慮舒適
人適應組織	組織內部多元化
表現對企業的忠誠	一旦受肯定與成長的機會不再就走人

輪廓：老一輩領導者／新一代領導者

	桑德	約拿丹
政治屬性	共和黨員	獨立選民
宗教信仰	猶太教	佛教禪宗
居住地	紐約市	北卡羅萊納州阿什維爾鎮
影響最深的書	包熙迪與夏藍(Ron Charam)的《執行力》(*Execution*)	梭羅(H. D. Thoreau)的《湖濱散記》(*Walden*)
衣著	勞夫羅倫(Ralah Lauren)品牌服飾	GAP品牌服飾
理想的旅行	在斯科茨代爾打高爾夫球	黃石國家公園偏僻處漫遊
年齡	六十五歲	三十六歲
有助於成長的經歷	美國陸軍	獨自搭乘灰狗巴士旅遊美國

最高學歷	行銷企管碩士	宗教哲學碩士／戲劇藝術碩士
偶像領導人	邱吉爾（W. Churchill），林肯（A. Lincoln），鮑威爾（C. Powell）	鈴木俊龍禪師（Shunryu Suzuki），馬丁路德・金恩（M. L. King, Jr.），甘地（Gandhi）
《紐約時報》週日版最先瀏覽部分	財經版	藝文休閒版
交通工具	奧迪（Audi）	速霸陸（Subaru）
衣櫥裡的服裝數目	二十二件	三件
最喜愛的飲料	絕對伏特加湯尼（Absolut and Tonic）	大杯健力士生啤酒（Guinness）
不開車時做什麼	構思下一場會議	小睡一下
成爲執行長所花時間	二十年	一年

最喜歡的狗	拳師犬	拳師犬
居住過的州	三個	八個
最喜歡的早餐	培果／藍乳酪／醃黃瓜	培果／藍乳酪／醃黃瓜
害怕飛行	不怕	怕
職銜	Flaum Partners 執行長，前 Euro RSCG Life Becker 董事長兼執行長	WriteMind 傳播公司執行長

漫步、談話與寫作過程

套句美國人的老話，我們會設身處地「穿上對方的鞋走一英里」。在約拿丹的帶領下，我願意和他一起走他最喜愛的山間步道，走上五十英里，他也願意在我選擇的地方，陪我走上五十英里。當我們開始時，我甚至還沒有健走鞋，約拿丹也沒有自己的高爾夫球鞋。我們同意無論如何要一起完成這一百英里。

在這本書中，約拿丹的角色是，在我的敍述後面加入他的觀點，以表現出他們那一代的想法。每一章的順序是，我起頭，討論一個特定的領導力修練，接著由約拿丹代表「年輕領導者」，表達對這項修練的看法。

要撰寫這本書，我挑選輔登領導力講座所邀請的知名演講人，整理他們的演說內容和訪談材料，也和約拿丹一起研究了一些我心儀的非凡領導楷模。約拿丹還特別前來紐約市參加了幾次講座，並和這些領導人在講座以外的場合有過深度的後續訪談。在一百英里的路途中，我們去了紐奧良，以便在探討領導力的同時，也品嘗美食，聆聽很棒的音樂。我們也花時間，一起在曼哈頓區漫步，好讓我們體驗許多我們研究的那些偉大領導人的高度活力。我們也到紐約上城一處以往常去健行的地方。我們還去了紐約州的布立漢普敦鎮，在這裡我們一起打高爾夫球，並在海灘散步，討論領導力。我們還花了一些時間待在俄亥俄州哥倫布市（理由接下來會揭曉）。最後，我們去了北卡羅萊納州阿什維爾鎮，健行穿越藍嶺山脈，持續展開這場領導力的對話。

我們花了半年時間討論領導力，分析其中的差異，探索其中的微妙之處，彼此的觀點也越來越接近。事實上，如果你不能身體力行，這場老少對話和相互欣賞也就是虛假的。我與約拿丹在過去很長時間就是如此。對於撰寫這本書，我除了專業的理由，還有很強烈的個人動機。我的告白：儘管我們企業人擁有各式各樣的流程圖、統計圖表、財務季報表，以及使命宣言，我們主要還是被情感主導。我努力要在孩子親自教導下「找回人性」，懂得每個人對成功各有不同的評斷方式，並且認眞看待它們，好讓我們成爲更好的人。企業人永遠都在尋找一些隱藏的價値，而我發現這種完全開放，尋求理解，並讓我們成爲更好企業人的作法，具有非比尋常的價値。

我們走了很多路。表面上看來，它好像是一種休閒娛樂，不過事實上，走路改變了我。人們應該有一起走路的經驗；主管應該與部屬一起走，女人應該和男人一起走，二十五歲的科技奇才應該與五十二歲的財務長一起走。走在一起，我們會學到別人所擁有的天賦，反過來也讓我們在這段時間裡重新發現自己的天賦。這麼做對我們父子很有用。我希望它同樣適用在你身上。

對二、三十歲菁英們的建議

你們是一個深刻渴望以自己的方式做事情的世代。與你們的父母相比，你們懷疑有所謂的「偉大的企業」，讀過大學（或跳過大學），對領導人有截然不同看法。你們有自己的作風、哲學、喜好的電視節目、書籍、音樂、餐廳、競賽、嗜好和聚會場所。你們心目中並沒有太多當代領導人可供超越。你們一方面看到許許多多知名領導人神話般的英雄事蹟，同時也看到領導人的阿基里斯腳踝。你們對這個世界的認識與現實感十分敏銳。你們不容易輕信，也不容易被說服，甚至痛苦地察覺領導人就像你一樣，也是個血肉之軀。這讓你們成爲講究平等的群體，更重視公平性，也更誠實。

但是你們還是需要領導者，如果你已經拿起這本書，那表示你有興趣成爲領導人。但是威爾契或包熙迪書中的說法，究竟與你有何關係呢？你對這些成長於截然不同世代的企業巨人，以及他對他那個世代所說的話有份懷疑。在此同時，你也希望投身競技場，展現不同風範，成爲有你自己格調的領導人。你又該怎麼做才對呢？你會爲了想展現截然不同、屬於你自己的領導方式，而設定全新的規則，好比爲了倒掉洗澡水，把澡盆中的小嬰兒也倒了嗎？當我二十二歲時，我就是這麼想，可是當我三十歲時，這就顯得太短視、太傲慢。

年長一輩領導人當然有很多可以教導你的，但是你也有很多可以教導他們。設想一下，我們是否可以彼此學習，開放心胸聆聽對方，而發現一種融合而成的新的領導力典範？這絕對是破天荒，而且更棒的是，它將受到歡迎，具有包容力，創造出一個我們能一起生活和工作的空間。我在許多同儕鼓勵下撰寫本書，就是要說明這種對話能讓彼此受益：我在企業和教育界的同僚；我所屬的嬰兒潮世代、X世代、Y世代員工；我的企管碩士學生；以及許多優異且才華洋溢的領導人，他們當中有些名氣很大，有些則默默行事。我們要辯論和探討的主要內容不是「向老大致敬，閉上嘴巴，一切如常」。新一代帶來新的生命、新的能力、新的觀點。討論的門應該是敞開的，我非常希望你們走進來，有種舒服的感覺。

在本書中，我們逐一解釋各項領導力修練，目的不是要約束你；相反的，它們是要協助你發展自己的想法，成爲**你**希望的領導人模樣。

當我把這個想法告訴約拿丹時，他指出，十八世紀禪宗大師臨濟（Rinzai）已經說過類似的話。臨濟禪師說：「諸法皆空是絕對的眞理。」我對臨濟禪師沒什麼瞭解，可是我完全同意這種說法。把一些話刻在石頭上，它其實成爲石頭的一部分，只會變得僵化。這些修練必須是活生生的、令人振奮、充滿元氣的。它們必須有能力轉變和輪換，以適合你生命中每個當下時刻無法預期的種種需求。它們並非警告、規定或來自山上、企業高層的誡命，它們必須被理解、接納，並藉由你而活出來。

對我們這一輩的建議

就像各位，我的一生都在企業中度過，過去三十多年來，我也任教於商學院研究所。不過，我想提醒你：撰寫這本書，我的目的不是堆砌更多我們在領導力研討會、講習會、董事會議或年度會議中聽過上千遍的那些說詞，寫這本書的理由是，如果我們不能跟上即將崛起的年輕領導人的步調，我們將無法得到他們當中最菁英、最優秀者的認同。我並不希望這種情況發生，我也知道，各位像我這種一輩子的工作狂，也不希望它發生。

一個例子就是我的朋友，已退休的太空人、參議員葛倫（John Glenn）。當我請教他有關領導力時，他回答：「我對領導的瞭解不比別人多。談領導力的書滿書架子，海軍陸戰隊軍官更被要求一本接一本地閱讀，可是對我而言，領導力始終存在一些奧祕難解之處。」

約拿丹說——

臨濟禪師是佛教禪宗頓悟教派的創始人，該教派傳到了日本就演變成著名的禪宗。臨濟最著名的一點是，他竭力要求門徒，悟道必須專注於自己的經驗，而不要太拘泥於經文或修院裡的修行。因為他認為，只有透過個人的掙扎奮鬥與親身體驗才能真正悟道。

與眞實世界領導人的對話

爲了提供有志於領導的年輕男女有用的工具，也讓中生代主管有足以參考的根據，我試著將本書扎根於「眞實可靠的」經驗，也就是輔登大學商學研究所開辦的輔登領導力講座中，廣受尊敬的講員的演講內容。我正好是這個講座的創辦人和主持人。

本書中所有引述都是來自講者演講和後續訪談，乃至於我和約拿丹直接接觸其他領導菁英進行訪問的材料。本書是學生與廣受尊敬的企業、政府、學界和非營利組織領導人的眞實對話。我希望它能改變傳統上領導者動輒訓示「我以前就是這麼做，所以你也該這麼做」的領導思維。

我們訪談的對象包括：「九一一事件」時紐約市消防局長湯瑪斯·馮·埃森（Thomas Von Essen），大都會國際人壽（MetLife International）總經理比爾·托比塔（Bill Toppeta），財星五百大企業行銷顧問、未來學家費絲·波普康（Faith Popcorn），非營利組織「成功打扮」（Dress for Success）創辦人南西·盧布林（Nancy Lublin），前輔登大學校長約瑟夫·歐海爾神父（Joseph O'Hare），現任輔登大學校長約瑟夫·麥克蕭恩神父（Joseph M. McShane），彼得杜拉克基金會董事長法蘭西絲·賀賽蘋（Frances Hesselbein），前紐約市警局局長霍華·沙菲爾（Howard Safir），聯繫電腦服務公司（Affiliated Computer Service, Inc., ACS）執行長傑夫·瑞奇（Jeff Rich），參議員葛倫，以及其他偉大的領導者。

在大多數企管碩士班的管理課程中，教授會安排案例研究，學生則上台報告分析結果。事實上，你從個案分析所得到的，只是根據哈佛商學院的公式細心編排的材料，分析也非常公式化。我過去這麼做過許多回，但是遇到關鍵問題時，還是需要一些不一樣的作法。

在真實的生活中，你必須蒐集所有可能拿到的材料，接著運用本能和直覺等你所擁有的一切資源。這類資源通常不會在課本或股票分析報告中出現，它們存在那些以領導為職志者的腦子和膽識中。我相信，如果學生能確實親自看到這個過程，也能與領導人自由地對話，這些訓練會更有價值；它是眞實的學習行動，一種能加速你思考新想法，嘗試新事物，甚至改變個人生活的啓發模式。

領導力的九項修練

受邀出席輔登領導力講座的領導菁英，以不加油添醋的方式告訴我們，事情是如何達成的。我們直接深入他們最深層的反省、觀點、實踐，以及最重要的，他們所犯的錯誤。根據講員、講座的進行與學生的回饋、我兒子的質疑，加上我個人畢生作爲領導力學生／實務工作者的經驗，我們得到九種主要的領導力修練。爲了便利記憶，也考量商學院學生喜歡使用縮寫的習慣，我以「P」開頭的單字來描述它們。

領導力的九個P

一、待人（People）

二、目標（Purpose）
三、熱情（Passion）
四、績效（Performance）
五、堅持（Persistence）
六、視角（Perspective）
七、偏執（Paranoia）
八、原則（Principles）
九、實踐（Practice）

最後一個一定令你錯愕……領導者如何練習「實踐」呢？約拿丹將會以禪宗「公案」的方式描述它。這是一個沒有特定理性或客觀答案的問題，也是一個你必須在個人生活特定情境中自己找出答案的問題。如果你認爲，與柯維（Stephen Covey）「七種習性」模式相比，這似乎太過玄妙，別擔心……我也有這種感覺。但是這也是整個流程必經之路，你應該保持開放心態，以新的方式看舊的問題，反之亦然。

接下來，每一章會討論一項領導力修練，先是從我的觀點與經驗檢視它，接著是約拿丹根據他的觀點的回應。

約拿丹的觀點

當我們開始思考，如何將父親和我截然不同的觀點寫成一本書時，我提了一項建議。我認爲既然我們都有走路的歷史經驗，我們應該邊走邊談，這會有助於開啓新的思考可能性。我建議我們一起走上一百英里，談論有關領導力的各個「P」要素，以及我們相信是身體力行最佳楷模的領導人。老爸並不習慣健行（他上一次重大健行記錄是，在華氏九十度高溫下，全副武裝地走了二十英里，那是在陸軍時代）。他比較喜歡到景色宜人的渡假村打高爾夫球，舒舒服服地睡覺。不過，他還是答應了。我認爲這是我們追溯事

約拿丹說——

有些問題沒有合理的答案。它要求身心力行，也就是，學生未必懂得答案，但是卻能心領神會。

物根源很棒的一種方式。

吸引我與父親合作撰寫這本書，最主要原因是，他面對年輕人時，對問題保持開放的意願。無論何時，如果有人表現得好像無所不知，我就會對他起疑心。我認爲，對領導者而言，自我分析是一種很好的特質。不過，總是有些領導者認爲，他們必須表現得無所不知，我們就會因此追隨他。不幸的是，即使我們處於道德或眞實的險境時，還是有這種人存在。這也是我認爲瞭解領導力很重要的理由，畢竟，我們都受到領導者影響，其次，我們選擇領導者時，必須做出明智的判斷。

就個人而言，我總是深深爲詩人、藝術家、哲學家和激進分子所吸引，他們雖然對個人人生的意義和方向感到苦惱，卻矢志追尋、探究事實眞理，即使無人呼應或走上相同道路也在所不惜。因此，當我與父親分享有關領導力的觀點時，形式上明顯與他不同。除了我們一起訪問的那些領導人，我還偏愛詩人、哲學家、禪宗故事和宗教領導人。對我而言，他們擁有更持久也更核心的關於領導力的參考素材。藉由援引這類材料，我希望有助於讓當代年輕一輩，對領導議題有更多的觀點。這種作法有時東扯西扯，顯得有點不著邊際，但是到最後，父親和我將試著，以我們的方式歸納出每項領導力最核心的信念。

然而，在現實中，尤其涉及領導力時，總是不會只有一種說法。這個問題不始於今日，也不會就此終結。即使世界上充滿拿破崙或凱薩式的滔滔雄辯，我只說自己的看法，有時也嘗試爲我們這個世代說幾句話。我談這些不是因爲我有什麼權威性，而是我被指定擔任另類思考的代言人，也是因爲我訪問過許多職場世代問題專家，還有正如梭羅(Henry David Thoreau)在《湖濱散記》(*Walden*)所寫的，「如果我認識的人多，我就不應該盡談我自己。」

梭羅是我的偶像。《湖濱散記》則是一個我不想複製（梭羅本人也警告過這一點）、但是希望超越的故事。不僅是人與大自然的契合，還包括「按照自己鼓聲前進」的個人主義信念。《湖濱散記》並非只是一個關於森林的故事。我將它看成是描寫政府與企業的書，並且用來評估每天忙碌的個人生活。它是一個教誨我們放慢腳步，注意自己「爲什麼」拚命工作，以及思考如何追求，追求些什麼的教本。梭羅描寫他如何搭建一座小屋，如何種植豆子。而我們當中很多人每天把時間用在寫白皮書，構思市場行銷策略，做圖表，做法律條文摘要，建造網站，或設計軟體。梭羅絕不會要我們丟下工作，像他一樣生活。他反而要求我們留意自身的工作，用心做這些事。梭羅要求我們尋找平凡生活中的意義。他太清楚甘於平淡時刻，不急於追求結果是何等困難的事。可是當我們眞的能做到，無論我們是主管、農夫、會計師、軟體工程師，我們會在以人性爲主體的生活場域相遇。當一百五十年前，《湖濱散記》第一次出版時，人性生活場域正是梭羅想要著力建構的重點。

我希望與父親一起撰寫這本領導力的書，也是基於期望我們兩人能在人性生活場域相遇，並鼓勵其他人也這麼做。我投身商業界其實是一個偶然的經驗，我打從心底沒這麼想過。我把父親的事業看成截然不同的世界。我的碩士論文是探討宗教哲學。我研究二十世紀初期一個名叫里爾克（Rainer Maria Rilke），帶有神祕性且離群索居的德國詩人的作品。我鎖定他特定時期的作品《杜伊諾哀歌》（*Duino Elegis*）。這部詩集前後歷經十年才完成，生動描述詩人在杜伊諾古堡的山崖上被一名天使召喚，所進行的一場輓歌式的神祕對話。我根據作者的哲學觀點分析那些作品，將里爾克定位成一個宗教神祕主義的詩人，那些詩作則是他以神祕經驗寫成的故事。當我二十六歲時，這本論文的一部分被收錄並出版在里爾克的選集中。當我從南加大取得藝術碩士學位後，我還寫作舞台劇、電影劇本、紀錄片和小說。我熱愛戲劇，作品也獲得肯定，可是這一切並不能讓我維持生計。

從劇作家和哲學家到商人

從這份簡歷，各位可能認爲我這個人寧可坐下來看本精彩小說或哲學著作，而不會看什麼企管書籍。那我又怎麼搖身變成企業演講稿的撰稿人、演說教練、寫手或編輯顧問呢？回顧這一切，我的故事其實並不特別。在我旅行和訪問（只是滿足一般好奇心）當中，我知道企業界有很多人就像我一樣。他可能是創意撰稿人、曾經是學術中人、藝術家、演員、教師等，都是因爲現實必要與偶然，進入企業界。父親在踏進企業前，也曾經是個作家，差別在於他自始至終很清楚自己想要成爲企業家。他的經驗並非所有在企業工作，或是領導企業的人的唯一經驗。我所瞭解的是，企業一如劇場都需要創意人才，當創意的影響越來越深入我們每天的生活中，這種需求又比以往更強烈。當我踏入職場時，整個商場文化是抱持歡迎的態度，今天這個世界很想要類似我這種「意外」。

當二〇〇四年《哈佛商業評論》（*Harvard Business Review*）二月號宣稱，「藝術碩士

（MFA）已經成爲新的MBA（企管碩士）時，我感覺很欣慰。這篇文章寫到，藝術碩士學位如今可能已經成爲企業世界最搶手的文憑。企業的人才招募單位開始拜訪各大頂尖藝術研究所。因爲具備企管碩士基本技能的人力供給一再擴大，價值也在降低。在此同時，藝術天賦人力的需求則在急遽上升。」（編按：請參考丹尼爾．品克〔Daniel H. Pink〕所著《未來在等待的人才》〔大塊文化出版〕）

美國企業要維持它的競爭優勢，新的領導作風包含建立個人性，保持異議，創新，菁英主義及非傳統思維，重要性與日俱增。也因此，與十年前相比，今天企業有生產力的領導模式已經有很大的差異。

企業要培養新一代知識工作者不可缺少的創造力，並留得住他們，領導人就必須把他們看成是藝術家或工藝家，而非傳統經理人；企業甚至可以考慮創造出類似攝影棚的環境，讓新一代在其中工作。管理大師彼得．杜拉克在一九九六年《領導人》（*Leader to Leader*）雜誌的訪問中就提到，面對今天的知識工作者，你必須用對待志工的方式對待他們。這些人也正在改變領導的方式。

在《大西洋月刊》（*Atlantic Monthly*）一篇文章中，杜拉克也說到，「賄賂已經不再管用。」（引自一九九九年十月號〈超越資訊革命〉〔Beyond the Information Revolution〕一文）他指出，在知識工作者的文化中，成長與挑戰才是最重要的動力，甚至勝過於金錢。你必須把他們看成受到工作中知性和感性因素吸引，自由選擇獲得生涯滿足的人（好比選擇工作而非被迫工作）。因此，你必須把他們看成前來拜訪的權貴人士，而非領薪水的奴隸。

關於我個人的故事，我如何「意外」踏入企業，則要感謝我的父親。我發現自己進入企業，其實是在領悟創造力與務實主義唇齒相依的道理。這兩種價值結合而成的新混合體，則是我（也是絕大多數人）的創業家精神來源。

多年前，我腦中完全沒有成為創業家的念頭，不過一旦小兒出生，整個形勢就開始快速轉變。當小兒幾個月大時，父親特地過來拜訪。我當時住在北卡羅萊納州阿什維爾鎮，工作是社工人員（探索自己的價值），以及鄰近大學兼課講師（探索自己的創造力）。我從未想過金錢可以是一種工作和生活的動機，因為在我的成長過程中一直是衣食無虞。當我為人父後，這一切就改變了。我突然察覺父親過去持家，默默扛起的壓力和責任。那是一種希望滿足家庭需要，而且不待開口就已經自動準備好的壓力。除非身為父母，否則很難瞭解當我看到兒子誕生時，我開始做事的方式。

小兒出生時有嚴重的腸絞痛症狀，我必須抱著他不停地走，才能讓他安靜。因此，我拉著前來拜訪的父親，在我家附近植物園的小徑中散步。小兒就用嬰兒背袋背在前胸，沒多久他就睡著了。當時是秋天，是我最喜愛的山中季節。我們頭頂上和周邊盡是黃、紅、紫各種顏色的樹葉，沒多久，我們就彷彿在色彩中漫遊。

在頭一英里的漫步中，我並沒有吐露自己的焦慮；我只是很高興有機會到這裡透透氣。最後，當我無法再忍受時，我直截了當問父親：「到企業工作好嗎？我不想要泰咪（Tami）回去工作，但是作爲兼任講師與社工人員，我根本沒有兼顧父親和丈夫角色的時間和財力……」說到這裡我突然打住，告訴父親目前正在我們頭頂上盤旋的是隻紅尾鷹（我沒有告訴他，在美國原住民的神話中，這種老鷹是信使的象徵）。聽到那些話從我的口中說出來，感覺實在太奇怪了，我只想轉變話題。

當氣氛重新安靜下來，我們討論到可能的選擇，以及我如何使用自己劇作家的技能。父親知道（當時的我則毫無概念），職場有種行業是幫企業領導人寫演講稿，並指導他們如何引導聽眾。他當場就協助我擬出一個行動方案。這方面老爸最內行了。

就是這樣。當我們走回到小徑入口時，我將目光從美到不行的秋葉移開，轉向父親。那彷彿是第一次我們以父親對父親的角色見面，彼此相對無言，那一刻我對他產生非常多以往從未有過的瞭解。

這次漫步後沒多久，我搬到紐奧良短期居住，因爲岳家在那裡，也可以得到一些對我這個小家庭的實質幫助，而我則可以無須焦慮，專心運用個人才華發展一個可望成功的事業。我把岳父的書房布置成一間辦公室，加上一條高速網路線，一台借來的傳眞機，以及一具行動電話，我的傳播公司 WriteMind Communication 就開張了。沒多久，經過許多的堅持和一點運氣（這兩者經常是伴隨而來），我已經可以舉家搬回阿什維爾鎭，在當地發展這個事業。經過一段時間後，我運用劇本寫作能力和管理本能，加上禪宗的修行，發展出一種頗受財星五百大企業青睞的獨特演講文體，也提供演說訓練顧問服務。

對創造力和領導力的新觀點

我將這段父子在森林中漫步，談論企業事務的對話，看成個人生涯的轉捩點。它協助我看到一個運用自己技能的機會，我也掌握住這個機會。我很高興自己這麼做，因爲如此一來，不僅我的創造力和價值觀得以在日常生活中實踐，也有足夠時間和平靜心靈，扮演好自己期望的丈夫和父親的角色。在父親的鼓勵下，我開始看到創造力對企業的重要性，也看到企業對創造力的價值。當我踏入企業界，這也爲我和父親打開一條全新的溝通管道。如今，我們可以一起討論企業，檢視我們努力要解決的議題，也看到彼此可以如何相互幫助。我希望成爲這本書的共同作者，因爲這麼做可以讓不同年齡層、不同觀點、不同偏好的人瞭解，我們其實是相互依賴的一群人。

此外，我想參加這本書的創作，還因爲徒步是這個工作的必要部分。我是由梭羅和他那本簡潔的散文《散步》（*Walking*）中得到這個啓示。愛默生（Ralph Waldo Emerson）曾這樣形容梭羅：「他散步的時間與創作的程度成正比，如果將他關在房間裡，他將毫無產出。」梭羅每天至少散步四小時，有時走得更久。因爲他覺得，如果要從每天的「塵世交戰」中脫離，做些深度的思想並將它們寫下來的話，這是必要的。這也適用在我身上。散步時你的思考是自由的，可以隨心所欲地漫遊，也沒有辦公室天花板的壓迫感。當你抬頭望著天空，它會提醒你，自己才是問題的唯一限制。

在那一百英里的徒步旅行，玩味領導力的九項P，從各種修練中思考所採訪的領導人的話語，還有另一些收穫。我讀過越多領導力的材料，觀察它的實踐（或是在各種行業、學界、非營利組織環境中，看到它的不受重視），越發理解領導力其實是企業管理最接近應用哲學的部分。領導力要問的是「爲什麼做」，而非只是「如何做」和「做什麼」。當我檢查每一項領導力的修練時，我都將「爲什麼做」放進去。我們都知道必須把工作做好，也知道堅持不懈的意義。然而，領導力的課題是，我們爲什麼必須做這些事情。

有很長一段時間，企業相信一種簡單且交易性的解釋，認爲我們工作就是爲了錢。可是研究一再證實，這個想法是錯誤的。人們只有在最基本的需求無法滿足的情況下，才會爲錢工作。研究者發現，在更深層的需求上面，人們工作是爲了形成自己是有用處的，有目的性，獲得群體認同的感覺。當他們工作，但無法感受到這些時，他們的績效就會變差，並且對現有工作感到厭煩，工作也被貶抑成換取薪水支票的行爲。當你勤奮、認眞地進行領導，就能爲其他人打造出有意義的工作情境。這九項領導力的修練既是描述性的，也是規範性的。要記得的是，它們比較不像要探索的洞穴，而是一個需要穿越的隧道，而且必須從其中走出來。指引你找到出口亮光的就是你自己。

1 待人　理念先行，員工追隨

關心員工，業績自然起飛；關心業績，員工棄你而去。

——威廉・托比塔（William Toppeta），美商大都會人壽總裁

我認爲，員工有問題卻不找你時，也就是你失去領導地位的時刻。因爲這反映出，在他們心中，你若非不關心他們，就是幫不上忙。領導者的角色，就是幫助員工解決問題。

——傑夫・瑞奇，聯繫電腦服務公司執行長

我與約拿丹在紐奧良的第一個早晨，選擇在一家名爲「老媽」（Mother's）的餐廳共進早餐。荷包蛋、麵包、肉汁醬、香腸和粗麵餅，讓人忘記本地還有出名的懶人減肥餐（Atkins Diet）。這裡除了超棒的食物，服務生那種南方腔調的「嗨，甜心！」歡迎詞，

也比紐約市餐廳服務生一句「要吃什麼」親切太多太多。我們父子都同意，在名爲「老媽」的餐廳開始一天的工作，是個很棒的點子。畢竟，這正是我們絕大多數人每天生活開始之處。你應該同意，每個人一生當中的第一個領導者，正是老媽。

那天早晨，我們一見面就笑翻了。我穿了灰色T恤、短褲，約拿丹則穿帶鈕釦的Polo衫、休閒長褲（還是我送他的）。我不希望破壞他悠哉悠哉的風格，他也不想和我公事公辦的態度落差太大，結果都選擇穿著讓對方感覺自在的服裝。當我們笑夠了，也注意到一個新的事實：我們表現出對彼此感受的關心。我們平時太在乎自己，有時要承認並表現出對別人的尊重，就必須放開自己的角色，從別人的觀點思考……然後再自我調侃一番！當你能超越外表和標籤看人，才有機會直接談些貼心話。有多少人會在工作時花時間和同僚這麼做呢？如果能做到這一點，生活鐵定會變得很不一樣。

吃飽後，我們開始在紐奧良漫步。當地的街名和建築物混合了法國、西班牙和美國文化，讓你感覺彷彿走在小歐洲。當我們到達傑克遜廣場，注意到一群人正在圍觀什麼，我們走過去，發現他們正在看一位把自己從頭到腳漆成銀色的女郎。她一動也不動地站在銀色木箱上面，當有人丟一美元進木箱前的銀盒時，她就爲那位善心人士打一分鐘的小鼓。約拿丹開玩笑地說，「這裡有一位可能的領導者。」我微笑但沒作聲。他接著說：「我是當眞的。」沒錯，那個女郎有群追隨者，也正在承擔風險，但是在我心中，她只是個令人好奇的人，還談不上領導者。

約拿丹說，這個女郎能讓別人停下手頭事務，「花心思」注意她。在他看來，這就是領導活動最基本的任務。我當時不懂他的意思，但也沒認眞。我們繼續散步，探索這個城市更豐富的面貌，深入瞭解它感傷的歷史與充滿妥協色彩的現實。

能讓我稱爲領導者的人，例如那些我曾訪談過、曾在輔登領導力講座演講的人，我曾一起共事或閱讀過他們著作的人，都有一個共通之處，就是能夠培植、開發和激勵那些聰明才智不輸自己，甚至勝過自己的人。還有，領導者必須在別人退卻不前時，有勇氣推他們一把，讓他們做出超越自我的事業。

平凡的願景能夠大放異彩，精彩的願景卻轉眼成空，關鍵都在人，而非產品。領導者絕對不能忘記這一點，而且必須竭盡所能不斷學習，瞭解如何協助員工有最佳表現。你必須聘用不輸給你（或比你更精明）的人，執行你並不擅長的領域。你必須對自己有信心，打從心底欣賞自己獨特的天賦。如果你沒有自信，就必須在這上面加把勁。因爲，如果你做不到這一點，就只能取悅他人以獲得肯定。真正的領導者是沒有時間忙這些的。沒有安全感還會影響工作表現，而一個人沒有注意到這一點，等於宣判自己不適合擔任領導角色。身為整個組織的領導人，你越不願意承認、瞭解或努力克服自己的不安全感或錯誤，被你領導的人就看得越清楚。如果你不喜歡身邊是一群雄心勃勃、充滿熱情、聰穎過人、並且能自我激勵的成功者，你就必須檢討其中原因。因為期望自己在工作上有最佳表現、而且勇於挑戰你的人，到頭來只會讓你的表現更精彩。如果周圍盡是卑躬屈膝之輩，結果正好相反。他們在短時間內，也許會讓你感覺很好，長期下來卻會毀了你，也毀掉整個組織。

約拿丹說——

要觀察領導者，我不會注意頭銜，我是看他有沒有吸引別人靠過來的行動力。領導者執行任務時，首先也是最重要的是，他必須確定周邊的人頭腦清楚，步調一致。

成爲領導者

雇用你會願意追隨的人。

要領導他人，你不必是整個團隊中最聰明的人。你應該是最能激勵士氣、最善於聆聽、最能協調、也最能看出好點子的人。你務必要雇用那些知你所不知、身懷絕技的高人，更重要的是，時時省察自我，不自尊自大。領導的技巧就在於，善用部門成員最優秀的能力和技藝，把他們放進適才適所的位置。

這裡有一個我改變雇用部屬方式的例子。當我接掌廣告公司業務後，我打電話給貝克（Robert A. Becker），並得知公司有位服務長達十五年的祕書華夏特爾女士（Terry Wachalter）。她高中畢業，沒有受過任何正式的財務管理訓練，卻是公司上下公認的數字專家。她擔任當時的財務長的祕書，以淸楚明白、令人信服的解說，協助我瞭解這家公司的財務業務。因爲有她，我連續解聘了三位高薪的財務長。因爲他們似乎都無法改善財務報表，或不能以最簡單的財務術語，向我解釋公司的目標，更別說像華夏特爾女士一般，展現對公司使命的熱誠。

一開始，華夏特爾拒絕接下財務長的位子。後來，因爲大家一致公認她最適合，她還是成爲財務長。她因此評估了自己必須加強的部分，選修了公共演說和企業管理的課程，彷彿海綿般吸收所閱讀過的組織營運相關書籍。你可以想見，沒多久她就被升爲營運長。在我們共事的多年歲月中。她不靠文憑，而是憑自己的態度和績效，贏得所有人的尊敬。

作爲領導者，你必須讓周邊充滿渴望成長、樂於被逼得天天有更好表現的員工。我非常同意海軍陸戰隊的一句名言：「成長或退出」。你要找出最棒的人，逼他們表現得更好。當他們回頭挑戰你時，你就可以展露笑顏，因爲你已經盡到領導者的責任。

ACS執行長瑞奇的解釋很簡潔：「每個稍有成就的領導者都會說，他們的成功來自有最聰明、最具才華的人效命。我也不例外。」眞正的領導者對自己很有把握。他們需要的不是歌功頌德，而是自信、好的建言、優質的支持與有力的協助（適當時機獲得肯定也有幫助）。我們多少見過一些不入流的領導者。他們會把部屬的質疑視爲不忠誠，而常與一群「唯唯諾諾」之徒爲伍。

我第一次知道用人要用比自己更強的人的概念，是在湯姆・畢德士（Tom Peters）一九八二年出版的《追求卓越》（*In Search of Excellence*）這本書中。直到二十五年後的今天，畢德士的看法依然適用，而且正確性與日俱增。如果時光倒流二十年、五十年或更早以前，有些行業可能只靠一兩位懂得所有議題、科技或產品的人，也就撐過來了。今天，這根本是天方夜譚。一百年前，萊特兄弟（Wright Brothers）知道所有關於飛行的知識，靠自己就飛上天了。可是科技不斷進步下，這種情況已成爲歷史。今天要讓一架飛機飛上天，你需要的不僅是航空學家，還要電腦程式專家、電子專家、空中導航員、航空動力學專家，以及數不清的專家齊聚一堂。

今天的商業，本質也是極端複雜的科技整合，需要將多種技能和長才編組在一起，進行產品或服務的創造、行銷與銷售。要說領導者精通組織內部的每項專業，實在很荒謬。不過，領導者絕不能少的專業素養是，分辨出高明和有進取心的員工，給他們在部門內自主工作的空間，並且根據表現給予獎勵。

當大都會人壽總裁托比塔出席講座，談論培養人際能力的必要性時，他總結說：「大多數領導者失敗，敗在缺乏人際力，而非技術力。技術力只是一個人進入組織的入場券。當你畢業，取得企管碩士文憑時，你就取得叩門的入場券，大多數員工也不會質疑你是否擁有足夠的技術力。有這些能力，你才能進場。不過，接下來能不能升到企業的領導階層，則要看你的人際力。」

瑞奇也為班上同學描繪出其他類型，那種不讓員工成為明星的主管圖像。他說：「我稱他們為大樹，因為他們是那麼的巨大，吞噬了所有灑在組織的陽光。他們也不讓部屬分享任何戰功。」問題是，單單靠薪津獎金來培養忠誠度是不夠的。人們還需要以其他方式得到肯定。

這個論點其實並不適用於我成長的世界。可是今天的領導者必須承認，有才華的人也有非常多其他的選擇。如果希望他們發揮生產力為你效命，你提供的工作環境就必須是真正屬於他們的地方。

一個實踐這種技能的有趣案例是，位在芝加哥，奧偉森製藥公司（Ovation Pharmaceuticals Inc.）活力十足的執行長，三十七歲的傑佛瑞・艾若寧（Jeffrey Aronin）。在他的領導下，這家新創公司為發展新藥募集到一億五千萬美元。我很早就認識艾若寧，也很尊敬這個人和他的領導風格，因此還接受邀請，出任這家公司的顧問團成員。我和約拿丹都訪談過艾若寧，深入討論他是如何實踐領導力。因為他與約拿丹年齡相仿，兩個人的生涯發展路徑卻截然不同。我雖然比他年長數十歲，彼此間的相似處卻遠多於約拿丹。因此，職場上的表現差異，問題經常不在年齡，而在人格特質和做事風格。時下一味將領導分門別類，刻板印象化，其實幫助不大，還可能混淆你的認知和做好領導的能力。

艾若寧的故事是，他剛出道時，是卡特華萊士（Carter-Wallace）藥廠（財星五百大企業）的業務代表。他每年都被評選爲最佳業務員，二十四歲就當上事業部的主管，也是卡特華萊士藥廠有史以來最年輕的事業部主管。接著，很偶然的，有位退休的高層主管買下另一家知名藥廠的一個事業部，成立美國健康產品公司（American Health Products, AHP）。他建議艾若寧跳槽，加入新公司的董事會，和他一起經營，如果成功，這家公司日後就是他的。這麼做當然有風險，可是艾若寧接受了，新公司的業績也迅速成長三倍。當公司轉賣時，他也因戰功彪炳而機會連連。事實上，由於這個創投事業表現優異，當初支持ＡＨＰ的創投金主對他更有信心，因此，當他自行創業時，金主支持他直接擔任執行長，隨他投入新鮮而充滿刺激的新挑戰。後來，艾若寧創辦了MedCare，展現另一次成功的新創事業轉型。當二〇〇〇年，他策略性的賣掉自己領導的醫療顧問公司RxMarketing時，已經準備好，針對特殊疾病團體開發新藥的任務，也就是目前這家奧偉森製藥公司。隔年，奧偉森成為公開募資數額最高的企業，因為營運良好而前景樂觀。

艾若寧告訴我，嘗試失敗的自由是合夥人給他的最大禮物。失敗絕對不是藉口，而是從中分析與學習的機會，讓他活力無窮，努力從失敗走向成功。他說，「自信心來自持續自我挑戰。」艾若寧仿效先前多位導師，把管理角色定位為提供建議和指導，而非控制。他說，如果他拚命控制部屬，下屬將永遠不懂「自我挑戰」的必要性。他認為，他能有高超的領導技能，歸功於他肯聘用比他更聰明、更有經驗的人才。「我會延攬產業界公認最聰明、最有智慧的人才加入執行委員會，然後日復一日地觀察，學習他們面對危機的處置方式。我也許有創業的本能，不過要成為領導者，完全是靠觀察顧問委員會等其他領導者而來。當你每分每秒都在學習，你必然會有所得，並且整合到你的領導實務中。」

艾若寧是年輕、新崛起的領導者中，對自身能力有充分自信，進而努力尋找、引進高手的絕佳例子。雖然我總認為最棒、最睿智的領導者一般比較年長、經驗豐富，成就也已贏得社會認可。不過，職場上各種企業，也需要各式各樣才能。比方說，大型多媒體集團可能需要電玩科技方面的頂尖人才。這種人可能年方十九，大學中輟，卻能寫出出神入化的軟體，如果要讓他穿上西裝，參加幕僚會議，那就太扯了。老一輩對這個事實未必心服，但是現實就是如此。如果我們不能坦然面對，必敗無疑。

成爲教育者

時時刻刻教導部屬，鼓勵他人有爲者亦若是。

員工的訓練和養成，絕不能一時興起，而是需要每天持續進行的工作。領導者不能只是偉大的工作者，還必須是偉大的老師，後者則相當耗費時間。有句老話說：「做不好，再教。」如果你要成爲領導者，千萬別相信它。要成爲有效能的領導者，你必須每天持續教導與實踐。

總會有些有優越感的管理者說，「我太忙了，沒時間陪小朋友玩。」那位仁兄往往也是在大客戶會議上，當面斥責新人不懂規矩的人。究竟是誰的錯呢？當然是管理者的錯（請注意，我根本不稱他爲領導者），他誤以為關注待辦事項清單比訓練自己最重要的資產——員工，更加重要。而且，令人遺憾的是，一籮筐中階主管、資深人員，甚至創業家，也沒有領悟到這個道理。他們期待員工一來就已經受過良好訓練，成爲可用之兵。

可是情況從來就不是這樣。過去二十年來，最成功的企業家中，星巴克（Starbucks Corp.）的霍華・蕭茲（Howard Schultz）就是明證。因爲他就是透過訓練來傳達企業使命，釐清願景，使公司受益。我從未見過，有哪個年輕領導者會像基因科技公司（Genetech）營運長美特勒・波特（Myrtle Potter）般，滿懷熱情地持續教導。當她在輔登領導力講座演講時說：

> 我今天能在此說話，絕非天賦或聰明使然。我能來此是因爲，我很早就學到，作爲領導者的第一要務是，確保我們與有能力的人共事，而且他們充滿熱情，能夠接受願景，願意隨時全心奉獻。一旦你確信自己找出這麼一批人，首要責任就是協助他們成長發展，超越本身格局，將個人職場生涯帶入下一個階段。

二〇〇二年時，《時代》（*Time*）雜誌提名波特爲全球前十五位「最有影響力的企業界新人」（Young Global Business Influentials）。《財星》（*Fortune*）則將她列爲第十八位「美國最有影響力的黑人管理者」（Most Powerful Black Executives in America）。但是波特並沒有特別著墨這些。她跟學生分享的是領導者的責任：

你的生活當然不乏讚美和肯定，以及隨之而來的一切美好事務，可是如果一天過去後，你並沒有傳授員工你的知識，你作爲領導者的用處何在？還是孤零零一個人。如果我不能將知識和洞見傳授給其他人，藉著教育部屬來加乘自己的影響力，那我只是欺騙自己，欺騙公司。領導者的第一責任必須是，讓員工處於能夠自我領導的地位。

教育很少在教室發生，而是在一對一輔導下進行

指導員工成爲領導者，絕不能靠簡單的一貫化作業。即使在最好的情況下，指導新進也不是一條單行道，需要很多因勢利導的技巧。恩威之間的平衡點也很難拿捏。不過，要讓導師和學生雙雙受益，可以採用類似約拿丹與我合作撰寫這本書所嘗試的方式：**反向指導**（reverse mentorship）。這也是我以前採行的作法（否則我怎麼會知道如何下載音

樂，收看《我要活下去》〔*Survivor*〕，以及設定我的黑莓即時郵〔BlackBerry〕）。我眞的希望我的兩位年輕的導師從我這裡學到的，就像我向他們學到的一樣豐碩。聽比說學到的更多（要提醒你一句老話：人有一張嘴，卻有兩個耳朵）。當你要學習如何激勵和啓蒙年輕人、公司新進員工時，有個反向導師是很重要的。

醫療器材廠商VIASYS健康照護公司的總裁兼執行長藍迪・舒曼（Randy Thurman）告訴我們，他幾年前參加賓州大學的領導力研究。研究結果發現，幾乎所有成功的領導者都有兩項特徵，包括曾經克服人生重大困境的經驗，以及至少擁有一位良師益友。在這項研究中，女性要成爲成功領導者，有沒有一位偉大的導師更是關鍵。

領導者很容易忘記，員工並非營運計畫中的工作事項，說改就改。員工是人，他們很複雜、背景多元且需要特別關心。當涉及到人的時候，領導者的工作絕不是「把它完成」。人們不是你要做的事情，而是一種需要瞭解的經驗集合體。他們是從那些經驗中發展而成的個人。

當員工注視著領導者時，他應該會從對方身上看到自己，看到一個關於自己是什麼樣的人，又將會成爲什麼樣的人的縮影。我認爲這與領導行動有關，並且是由領導者帶出來的。當領導者與追隨者同步時，雙方都因鎖定共同的使命，合力克服困難的經驗而有了轉變。

說故事、機會教育

無論是兩歲或八十二歲，只要是人就喜歡聽自己或別人的輝煌事蹟。這也讓工作場所充滿傳奇。領導者對幕僚談話時，必須是個說故事高手。因爲對方會從中學習，傳播新訊息，讓教誨以故事的形式在組織中保存下來。在工作場所說故事，也會蔚成風氣，建構公司的員工文化。貴公司的領導者戰功顯赫嗎？還是論資排輩或經營人脈關係的結果？每個故事背後，其實都還有個故事。

公司就像人，也需要正面的傳奇以形成積極的文化。積極的訊息應該被大肆宣揚，員工應該被啓發，不要侷限在芝麻瑣事中。彼得・杜拉克曾說過，組織會自然形成的事情只有三種：摩擦、混亂和無效率。這句話說得再貼切不過了。執行長不是精神科醫師，但是必須管理分歧的人格和需求。因此，你希望員工有積極的態度，自己每天工作就必須純熟演出，充滿創意。這很難，但是效果絕對包君滿意。

你需要身體力行你所說的一切。領導者必須隨時言行一致。前紐約市消防局長、九一一事件英雄湯瑪斯・馮・埃森（Thomas Von Essen）告訴輔登的學生，他如何在言行舉止中傳達他的領導信念。他有一次不經意地提到，九一一之後，他出席名流權貴的募款餐會的感覺。他說：「我是一個對打雜工人好過大老闆的人。這就是我……我屬於下層社會。我衷心欣賞小人物的工作表現。當我看到有人自視高人一等，流露出對身分地位不如他的人的不尊重、不以爲然時，我也無法尊敬他。」

馮・埃森要說的是，部屬必須很淸楚自己在老闆心目中的價值。如果你對打雜工人不假辭色，卻又對大老闆卑躬屈膝時，這傳達了什麼訊息給在第一線工作的部屬呢？再沒有比你「不爲人知」的一面更吸引屬下的注意。

曾經擔任過政治顧問、如今是非營利組織「同心協力」（Share Our Strength）創辦人暨執行董事的比爾・修爾（Bill Shore）說，政治競選活動的關鍵時刻，通常出現在候選人不經意流露出眞實面目，而且選民認定這就是他的那一刻。一旦如此，任何巧思的活動都救不回他的命運。我的經驗也是如此。當麥克風仍開著，你卻以爲它已關閉而直言不諱時，部屬根本不關心你前面講稿說了什麼，而更注意你私下說了什麼，並且據此判斷你是怎樣的一個人。絕對不要低估領導者在公開場合的言行舉止的重要性。即使你不認為自己正在教育部屬有關你這個人、公司文化或你對同儕的想法，部屬還是照學不誤。

透過更艱難的工作……成為激勵者

讓部屬因為辛苦工作取得最佳成績。

你需要協助部屬認清他們的實力，並給他們發揮實力的機會。如果像訓練員般，每天把力氣花在矯正弱點上，其實是很浪費時間。你必須關注部屬的長處。偉大的領導者更喜歡協助有潛力的後進往前走，成為領導者。CorePharma股份公司是一家開發學名藥（generic pharmaceuticals）的知名藥廠，前任執行長葛雷・楊格（Grey Young）告訴我一個重要的故事。當他三十出頭時，曾任職一家財星五百大企業G. D. Searle & Company（如今併入輝瑞藥廠），主要負責市場行銷。他的上司提供一個千載難逢的機會，要他找一群人組成團隊，為一項產品設計創新的宣傳活動。問題在於，楊格並沒有權力指揮人。他提醒老闆自己連一個部屬都沒有，老闆說，「我知道。不過，你的權威應該來自於你能激發他們對這項工作的熱情，你應該要有想法和創意，再看誰想加入。」

這次經驗教導楊格什麼是領導力。人們追隨你並非你的職銜，而是你的想法、熱情和信用，還有事成時不居功，與人分享成就。彼得・杜拉克談領導時，提醒大家要注意，人們是自願追隨你，還是衝著你的職銜而來，也是至理名言。

我認識楊格超過二十年。對他而言，職銜沒什麼，反而是那次經驗讓他終身受用。當他在輔登演講後，接受約拿丹訪問時，又說了一個精彩的工作經驗。當他離開 G. D. Searle & Company 後，轉任百特養護公司（Baxter Healthcare Corporation）。這次他有個部屬，對方下面還管六個人。一年下來，楊格始終看不到這六名員工出現。他開始懷疑，是否那位組長把他們關禁閉。每次報告時，總是組長一個人唱獨腳戲，即使楊格想聽聽其他合作者的意見，這位組長也是堅持獨攬一切，而將部屬排除在外。我提這個案例的原因是，後來，楊格解聘了那位組長。理由不是對方沒有好表現，管好員工。問題在於他無法讓部屬成長和進步。

在企管碩士班課程中，全球前十大廣告公司，紐約奧美廣告（Ogilvy & Mather New York）總經理比爾・葛雷（Bill Gray）也呼應杜拉克的說法。他告訴學生，領導者招募員工會犯的最大錯誤是，誤以爲自己事事精通，而未注意到能幫助你截長補短的人才。他告訴學生，一旦你認清天天都會有不確定發生，當今商業環境更是變化無窮，就需要在組織裡培養信任和開誠布公，以克服恐懼。

由於員工是帶著夢想、焦慮、需求和情緒而來，你看待和管理這些人時，不能用量化的資源管理方式，也別搞什麼道德宣示。這些都不是長久之計，可是我們每天處理危機，卻常忘記這一點。像大都會人壽的托比塔這樣的領導者，正是以親身經驗提醒我們，這類行為對公司業績只會有負面影響。托比塔是我見過最厲害的溝通者之一。他有百分之六十的時間用在旅行，與大都會人壽公司全球四萬七千名員工談話、討論。對他而言，領導者的工作是提供員工一種心態，讓他們有發揮潛力的空間。他稱自己花那麼多時間在旅行，不是因為要激勵員工，而是希望員工知道，每個人都可以自我激勵。

我直到二〇〇四年八月，觀看奧運會體操個人全能比賽時，才真正搞清楚托比塔所謂教導別人自我激勵的意思。當時，奪金呼聲極高的二十一歲美國選手保羅・漢姆（Paul Hamm）在高空跳躍時，摔到裁判席裡。大家認為這下子完了。四年辛苦盡付流水。這也是在場多位體育評論員的說法。他們說這是「毀滅性的悲劇」，一個漢姆終生無法忘懷的可怕時刻。評論員也說，漢姆應該無法專注於接下來的雙槓、單槓兩項比賽，因為他內心的懊惱將不斷折磨他。不過這些人都錯了！漢姆在後兩項比賽表現超水準，從第十二名超前，奪金而歸。評論員只說對了一件事。漢姆並沒有忘記那一跤。但是沒有忘記的理由卻並非如他們所想。漢姆把那件事當成一大激勵，成爲更強烈想贏的企圖心。他在賽後接受訪問時，回答很簡單：「我只記得教練一直告訴我，不到結束，不見分曉。」

看完比賽，我想到的不僅是這位年輕人的心理素質，還想到他的教練。因爲全部過程中，教練除了在旁觀看，完全使不上力。摔跤那一刻，他既不能指導愛徒，也不能隔空喊話。選手要成功，完全要靠自己內心發揮作用。漢姆就是靠內在激發力量獲勝。教練要選手在這一刻有這樣的表現，必須很早就開始下功夫，事先埋下自我激勵的種子，並且能適時發揮作用。這位教練眞是一位領導者，不僅因爲他對漢姆的指導，還加上平時對選手的開示，在關鍵時刻自我激勵。

我也想到波特的生涯際遇。剛開始時，她在默克藥廠（Merck & Co.）工作十四年，經歷過業務、行銷、經營規劃等關鍵角色。她也是生產普利樂（Prilosec）這款治療胃酸逆流、席捲全球市場的明星藥的阿斯特拉／默克合資藥廠（Astra/Merck）的規劃人。儘管波特不到四十歲就有這麼多成就，她的起步其實並不順遂。當她被擢升爲默克藥廠資深經理時，一開始她確實爲這份新職務雀躍不已，想像自己帶著一批高手團隊，執行所設定的目標，但是當她與團隊成員開始工作，絕大多數成員卻拒絕合作，不願意一起訂出新的願景。會議上的對話總是繞來繞去，部屬明顯給她軟釘子碰。

幸運的是，波特此時也被選派參加領導力大師提區（Noel Tichy）爲期六週的全球主管領導力訓練營。提區親自指導波特，要她弄清楚團隊成員爲何沒有正面回應她的領導。她一開始很自然地認爲，團隊成員認爲她太年輕，搶了別人更有資格坐上的位子。只要她肯多花點時間就會改善。她也告訴提區，這個單位目前在默克藥廠排名墊底，她被派去就是要扭轉情勢。當提區花了三週時間，弄清楚波特的管理技巧後，決定直搗黃龍，說清楚、講明白。他說：「你經營一個營業額十億美元的事業，它目前排名最後，眼看就要被淘汰。我要說的是，從現在到年底，這個事業一定會有變動，可能是有批人被迫離開，也可能是你走人，你認爲哪一種比較可能呢？」提區盯著她直截了當地說，「這是現實，而非遊戲，你打算怎麼整頓這個事業？」

這段話驚醒了波特。她用接下來三週的領導力訓練課程，好好分析如何重組整個事業單位，讓它回到正軌運作。當她回到公司，馬上進行管理團隊大換血，只留下兩個人，並且引進願意團隊合作、共塑願景的一批新人。這個事業也很快脫胎換骨，表現令人刮目相看。波特從中獲得的教訓是：你要弄清楚，如果騎的是死馬，就不可能有未來。作爲領導者，如果你認爲激勵部屬是你的職責，那你很快就會耗竭。員工必須想要自我激勵。你僅僅是觸媒角色……而非動源。你必須信任員工有自我激勵的內在力量。好的管理者會設法啓發員工，並由員工主動激勵他們自己。如果他們沒有反應，那麼就該和他說拜拜。身爲領導者，你必須承認自己的力量有限。你可能讓別人淋漓盡致地發揮內在潛能，但是你不可能無中生有。你要用的是他們的長處，而非他們的不足之處。

有話直說的勇氣

有功要賞，有過直言。

出席輔登講座的領導菁英告訴我們，偉大的人是讓企業在不景氣時脫穎而出，因爲在景氣暢旺時刻，平庸之輩只要順勢而行，照樣也能表現精彩。當景氣惡劣時，只有能夠自我激勵的人，才能讓公司不僅活下來，而且演出出人意料。每當我聽到「全公司人事凍結、獎金停發」時，就會想到這一點。我雖然經常處於母公司嚴格控制預算的情況，但總能找出方法，避開規定，好好犒賞表現最佳的員工。

托比塔曾說，「當你必須告訴員工，他的表現不佳時，對方當然不會給你好臉色看。可是，如果你誠實待人，他們遲早會以下面兩種方式回應：他們可能因你直言不諱而尊敬你，努力工作；或選擇離開……無論哪一種，結果都不是壞事。」輔登講座的領導菁英的共識是，管理要有效率，被喜歡未必重要，而是必須受到尊敬與愛戴。

霍華·沙菲爾（Howard Safir）擔任紐約市警察局長時，他在選擇第一副局長上面，做出一件很勇敢的事情。沙菲爾認爲，他要讓這個機構再生，就必須挑戰這裡根深柢固的文化。第一副局長是局長一旦不能任事時的人物。這個職位需要的是能力與他相當、能不受干擾、也不輕易妥協的人。沙菲爾因此展開約談，對象從警局內高階的四星警官一直到一星警官，最後相中的第一副局長人選則是一位一星警官。沙菲爾跳過四星警官，直接遴選他，因爲他相信這個人的榮譽感、績效和責任感，都能呼應那個職位的要求。

這個選擇造成整個組織譁然。沙菲爾把績效擺在官僚體系之前，其實是破壞了行政部門的慣例。許多警官忿忿不平，因爲那位小小的一星警官即將成爲他們的上司。可是沙菲爾相信，該人既然能憑人品和特質贏得他的肯定，也必然會讓其他人服氣。不是因爲官階，而是人格和能力。沙菲爾告訴我，「品質比職級更重要」。這麼做也讓他作爲領導者的勇氣被再一次證實。紐約市警局的警官開始眞誠地尊敬他與第一副局長，因爲他在明知不討好，會招來一堆警官在背後咒罵的情況下，仍有勇氣做自己認爲正確的事。這類決定才會讓組織文化徹底改變。它能喚醒一個沈睡的組織，並且讓它奮起。

管理者應該把戰功放在年資前面嗎？我傾向說「是」。在傳統組織裡，它被看成是例外，可是形勢已經在改變中。在一個快速變動的世界裡，有智慧的領導者會意識到，用人就要用可望無限制成長的人。

西南航空（Southwest Airlines）董事長賀伯・凱勒赫（Herb Kelleher）有很多名言，我最喜歡的一句是，「聘用看態度，技能靠訓練」（Hire for attitude, train for skill）。這句話我每個月至少要對人力資源人員說兩遍。如果你雇的人只有漂亮的紙上成績，而態度越來越差時，遲早會出大問題。技能可以學，態度不佳則是個人問題。如果當事人自己無法察覺，又不願意接受糾正，那他就得離開。

此外，如果有人說，「我開除過很多人，這對我而言稀鬆平常。」他如非神經有問題，就是說謊。直到今天，如果我必須開除一位員工，那一整晚我都會心情低落。可是如果員工表現不佳，你必須有勇氣直言不諱。面對問題，尋求解決。要開革一個工作伙伴，無論他是新人或是老戰友，都非常困難。但是你必須爲所當爲。我不知道有誰擅長做這種事。但是如果你不做，你將面臨旗下戰將喪失對你的尊敬的風險，轉而另謀高就。托比塔指出，當你必須強力批判員工表現時，最好能同時表現出對當事人的尊重。要做到這一點，其實不容易。可是正如彼得杜拉克基金會董事長、美國女童軍團前執行長法蘭西絲・賀賽蘋有次告訴我，有時候，好的領導力就是來自好的態度。

無論公司處在景氣或蕭條，那些每天努力擊出安打的幕僚，你應該給予肯定，獎賞他們的努力。正如你必須有勇氣拔掉差勁的選手，你也必須不計一切地照顧你的好手。因爲你如果不這麼做，他們會跳槽。

領導很大程度在放手，讓員工做，並且施加必要的管束。意思是，給員工一個發揮卓越表現的空間。如果他們眞的很棒，你要讓他們意識到自己能成就偉大的目標，表現非凡。長期而言，如果你不能讓自我激勵的員工有機會證明自己，他們不會尊敬你的願景。不意外的，他們會離你而去。

相信直覺

學習部屬的價值觀。

我永遠記得第一次與葛倫見面時的緊張模樣。我認識他的夫人安妮（Annie），她和我一樣有口吃毛病，並且一起參加維吉尼亞州赫林斯溝通研究所（Hollins Communication Research Institute）七月第二個週末的口語治療課程。那一年，也是葛倫準備重返太空的一年。安妮為我們安排一場午餐會。我一直是葛倫的超級粉絲，特別準備了一長串請益清單，諸如：「當你從太空看地球時，那是什麼感覺？」「相隔四十年後重新進入太空，你認為看地球的感覺會有什麼不同？」可是不待我提出連珠炮般的問題，葛倫已經展開話題（也許是要讓我放輕鬆）。他說：「桑德啊，我最想要做的就是向你學習，安妮一直稱讚你，你究竟是何方神聖，能讓她這麼欣賞啊？」

葛倫就這樣打開了包容和平等的大門。我也看到他透過欣然接納別人來領導的能力。他給人的感覺就是包容，讓你暢所欲言。許多人不乏勳章和職銜，可是英雄不等於領導人，還必須喜歡或願意聆聽別人，真誠地對所聽所聞感到興趣。

凱倫・達威（Karen Dawes）在企業待了二十年，是不折不扣的老鳥。她的藥廠資歷輝煌，擔任過美國拜耳藥廠（Bayer Pharmaceuticals）的事業部負責人、資深副總經理。二〇〇三年時，她成立知識決策顧問公司（Knowledgeable Decisions, LLC），專門協助新創藥廠將新藥商品化。她對爲什麼做出這樣的決策有所解釋：

> 九一一事件發生時，我正搭機前往參加一場業務會議，結果飛機迫降在喬治亞州的莎凡那鎮。我在那裡逗留了整整二十四小時，等候同事開車來接我回東岸。這天我想了很多，其中一個縈繞不去的想法是，如果未來一年內，我早晨醒來，無法告訴自己我喜歡目前的生活時，我就必須改變現狀。就在那一年，我也開始認眞檢視我的生活。我發覺自己每個月必須出國好幾趟，工作時間超長。即使星期六也必須在清晨六點起床，花兩個小時發電子郵件。我斬釘截鐵告訴自己，不能再這樣過下去了。這是我做過最困難的決定……可是我沒有遺憾。

對於像達威般有才華、仍留在大企業工作的人，組織當然必須主動因應他們的需求，並創造有意義的誘因。

未來學家費絲・波普康經常到輔登領導力講座演講。另外像我擔任行銷顧問的妻子蜜雪兒（Mechele），她們都是我學習的對象。我從她們身上學到，企業要保持成長獲利，必須對高階女性創造有意義的奉獻誘因，因爲她們在美國職場的比例越來越高。女性有意無意間已經改寫了一些偉大領導者的基本特質。因爲女性進入職場，組織在資源、能力分配、制訂實務作法上面，不僅要照顧男性員工的需求，也要能讓女性員工滿意。女性，無論雇主或雇員，就是這個未來大趨勢的核心所在。

對男性而言，過去有個不成文的規定，絕不在工作時討論他們的家庭。可是當越來越多女性進入職場時，他們不可能還把工作與生活區隔開。如果你回想，工作曾一度是每個人必須把人性或自身家庭生活隱藏起來的地方，那實在是很不人性的狀態。今天，我們只是開始坦然面對現實，適度承認「工作」也包含了員工的生活，而非只是他們產出的表現而已。要讓工作場所變成「人本場合」，我們在這方面還有很長的路要走。女性與許多原本不屬於傳統「(白人）老傢伙」網絡的弱勢族群，正在協助我們開始這段旅程。令人欣慰的是，至少有些組織已經開始表現出重視員工價值觀的態度。當員工看到公司有這樣的反應，他們也更加認真工作。

約拿丹的觀點

人們熱愛自我肯定，痛恨譴責與藉口。

——諾貝爾文學獎得主卡內提（Elias Canetti）

當你穿過樹林，注意到的是一些不尋常的事物。等走了幾英里之後，那些綠、棕、灰色彩幾乎變得不存在一樣，你開始感覺到環境中簡單的韻律、節奏，以及整體的和諧一致。突然冒出的鳥鳴，或是啄木鳥工作時敲打鬱金香木的聲響，甚至九月間孤零零一片、卻打算提早改變整體綠意的紅葉，都以它們特有的方式打破這片安寧與祥和。如果不是這樣的林間漫步，除了單純地置身大自然外，你很難特別注意整個環境。這也是一個擁擠的城市的寫照。波旁街的喧囂，傑克遜廣場的塔羅牌算命仙，空蕩蕩的餐廳門口，手持菜單想要吸引你的服務生。在紐奧良，你可以經過他們卻毫無感覺，因爲他們已經融入更大的景觀，讓人視爲理所當然的存在。

因此，一位全身漆上銀漆、站在銀色箱子上、腰間繫著銀色小鼓的女郎，當然值得人們體驗。她就像九月的紅葉般，挑逗我們的期待心理。因爲原本不該有這樣的人，像她一般站著不動，彷彿一尊石雕，完全不似有血有肉、活生生的人。

對我而言，她表現出一種重要的領導觀點。她不發一語，卻讓大家注意到自己所在的環境。她的姿勢讓她有能力挑起人們對現實的期待。如果雕像必須像人，爲什麼人不能像個雕像呢？這個帶點遊戲性質的問題，令許多城市裡的觀光客停下腳步，共同譜成一幅更吸引人觀賞的場面。對我而言，她的行動就是領導力。她象徵著現代領導者如何獲得最佳人才。你必須文雅地打斷這些人的行動，讓他們注意你，如果幕僚的注意力不在領導者和她的願景上面，組織的未來也將充滿陰霾。這意味著領導者必須鎖定一些反直覺的作爲，創造一些大夥無法視而不見、迫使他們主動前來的圖像。

銀色女郎挑戰人們對人體行爲應有的期待。那幅圖像成功地吸引了人們停下來注意她。在我的訪問和觀察中，有效能的領導者並不會大聲嚷嚷，提醒部屬注意。他們以行爲召喚部屬的注意力，使得有創意的工作被最有效的達成。

命令常令人感到羞辱，因爲它意味著缺乏信任。如果銀色女郎命令我們做什麼，我們不可能舒服自在地停下來，注意她，與她互動。命令也意味著階級：「我有權力，你沒有，因此必須聽我的，執行我給你的目標。」相反地，如果領導者以一種平等的立場提出一項議題：「我們正面對甲挑戰，我有這麼一套想法；你認爲我們應該採取什麼步驟，好讓我們找出解決方法呢？」這種交換是一種邀請分享一件事情，而且如果得到解決，整個公司將因此受益的態度。

我很欣賞沙菲爾遴選第一副局長的故事。因爲他看重長處更甚於資歷。他出人意料地喚醒整個組織文化。沙菲爾藉由行動，邀請員工以人的角度，而非通過考試、取得官階、論資排輩的方式看自己。沙菲爾讓大家注意到人性關係先於流程和慣例。對我們這一代而言，這裡面的訊息眞的很重要，因爲如果連紐約市警察局的高層也能做到，大家眞的可以三思而後行。

達威的故事也值得一提。九一一事件是改變的分水嶺。我認爲，她的故事可以是千千萬萬美國人的故事。那一天所發生的事，呼喚大家重新檢查眞正對自己有意義的事情。達威最大的頓悟來自，她選擇離開企業生活，成立自己的公司。九一一經驗幫助她承認，自己希望更獨立自主、更有彈性的生活，做自己的主人。可是要擁有自己的生活，要實踐這個夢想，她必須改變工作形態。她與許多嬰兒潮世代一樣，曾經希望擁有更多但不敢行動，九一一事件增強了這種渴望。

我們這個世代的人則不認爲時間等於金錢。時間就是時間。我知道如果我把時間用在工作，而非孩子、妻子、家庭、朋友或我個人需求上面，那我將成爲永遠的輸家。金錢、升遷、汽車、豪宅，都不可能換取時間，也不可能提供內心所需要的寧靜。我很清楚這一點，也相信許多朋友就是這麼想。也許因爲我們看清楚上一代人，爲了證明「你能擁有一切」，卻落入其實不可能做到的悲哀現實。我從父母爲了在家庭和工作中求取平衡而辛苦掙扎中，學到許多。我也由波士頓的 Reach Advisors 行銷顧問公司總經理詹姆士·鍾（James Chung）所主持的研究中學到。在一個由《財星》報導過的研究中，他抽樣三千名X世代，並對他們進行分析。他指出，對X世代而言，爲了工作而犧牲家庭是不可能的(這是大多數嬰兒潮世代的作法)。相反的,他們其實是把工作納入家庭生活中。對領導實務而言，如果要管理像我這樣的世代，這個研究意味了什麼呢？

我認爲，這意味著人們將被容許在辦公室呈現更完整的人性，並且將個人生活放在首位。員工不可能被命令參加下班後的會議，還要表現得一副與有榮焉的模樣，或至少比幫小孩洗澡、哄女兒睡覺更重要。這不表示員工變「娘」了，或懶惰了。這意味著他們想要工作得更睿智、更彈性、更有效率，而且無須在專業與個人要務之間做選擇；他們希望在公開承認人性爲主的環境工作。有創意的領導者可以提供一種滿足個人與職業上需求、而不像過去隔絕個人生活的工作情境，讓工作本身對個人產生意義，激發出最佳的工作表現。

領導者的重點不是去反對，而是去嘗試、整合。領導者必須看出，員工除了渴望成爲忠誠與奉獻的組織成員，同時也珍惜他們作爲家庭一分子、爲人父母、朋友的角色，這中間並沒有矛盾。只要這些重要價值的次序沒有被犧牲，自然會出現驚人的工作生產力，也會帶來眞正的快樂。一再打亂這些順序，等於招來憎恨、不快樂和耗竭（還有另謀高就）。

我還想對故事的重要性補充幾句。我與家父的看法一致。我們都希望自己活得有意義。故事能幫助我們進入意義更豐富的情境。領導者的價値絕不只在於他每天工作做了什麼。在企業的故事裡，領導者具有一種神奇的重要性。但是如果你想編一個由你唱獨腳戲的公司故事，算了吧。公司的每個人都應該是這個故事的一部分。領導者需要安排一個開放的腳本，準備好接受干擾，嵌入其他人的敘事，而非單純像個文化熔爐般，將每個人融入大一統的組織故事裡。明天的領導者將會被要求，增加允許神話變動的空間，讓故事的發展能根據公司裡眞實人員的組成，以及對公司有貢獻者的表現而做修改。公司就是人，也就是所謂的故事。

一個故事或神話如何成形呢？一旦它被廣泛流傳時，就會變得眞實。想想看，如果你像古希臘人般，很長一段時間，每個晚上與朋友坐在火爐旁聆聽荷馬（Homer）的《伊里亞德》（*Iliad*），或是躺在大一新生宿舍床上一個人閱讀，差別很大吧。公司的故事也是一樣。它需要有人演出，有人傳誦，有人加油添醋，鼓勵流傳。一則好的故事可以告訴我們生活的意義。一則好的企業故事則告訴我們工作的意義。眞人實事的故事，還有員工如何塑造企業的故事，絕對是種威力強大的經驗。如果你認爲可以透過公司內部公關部門操作故事，省省吧。X世代不信那一套。企業的故事也不能一次定案。公司會改變，人也在變動。企業要維持它存在的意義，故事也必須有成長空間，保持開放性，適應新的情勢，並且從中找到創新的養分。

最後，我相信偉大的領導者會設法加快部屬的成長。二〇〇四年奥運會中，我從另一幕看出這個觀點。主角是十九歲的游泳好手麥可・菲爾普斯（Michael Phelps）。

當菲爾普斯與美國代表隊將進行混合接力決賽的前一天，他決定放棄出賽機會，改由伊安・克若克（Ian Crocker）遞補。理由是因爲後者的獎牌記錄尚未開張。菲爾普斯這麼做，不僅激發了克若克的士氣，也鼓舞了全隊的士氣。已經取得五面金牌兩面銅牌的菲爾普斯，確實可以表現得很大方。問題是很多人就是做不到。更重要的，他不僅這麼做，還比別人更努力地爲克若克加油。美國隊因此打破世界記錄，菲爾普斯也因此獲得第六面金牌（因爲他有參加預賽）。這裡要說的是，他能獲得這面金牌，前提是必須不計較個人得失，並且信任隊友也能做到。最後，他的領導力是一種氣度，激發全隊表現出比自己更佳的成績。老一輩喜歡談「偉大的世代」的故事，談的一般是愛國心和偉大的自我犧牲。菲爾普斯在最後關頭自我犧牲，似乎表現新一代也能傳承這種偉大情操，瞭解到要改變結果，將機會拱手讓人也是可行的方式之一。一個人能不能成爲眞正的領袖，其實是看每天結束時，他施捨了多少。氣度是靠實踐而來。

待人

領導者的複習清單

實踐／活動

- 成爲領導者

  雇用你會願意追隨的人。

- 成爲教育者

  時時刻刻教導部屬，鼓勵他人有為者亦若是。

- 透過更艱難的工作……成爲激勵者

  讓部屬因為辛苦工作取得最佳成績。

- 有話直說的勇氣

  有功要賞，有過直言。

- 相信直覺

  學習部屬的價值觀。

2 目標

啓航以前，清楚方向

人生、戰爭或任何事情，唯有確定首要目標，並且讓其他一切考慮都服膺那個目標，我們才可能成功。

——杜威・艾森豪（Dwight D. Eisenhower）

回到紐約市這個窩的感覺眞好。我與約拿丹淸晨散步穿越中央公園，看到媽媽們推著嬰兒車，街頭小販忙著整理熱狗攤車。我穿著先前在北卡羅萊納州登山健行時買的登山鞋，看來跟這地方有點格格不入，但是穿合腳後，它們卻比平底鞋要舒服些。我猜，等到需要踮起腳步走時，我這雙老腳可能又要吃些新的苦頭。（哈！）

這個時間，我通常正在前往市中心的途中，還忙著檢查語音信箱，爲即將展開的一天做好各項約會和會議的準備。其實，能從容悠哉居住在這個城市裡，暫時擺脫慣常的例行事務和習性，眞是一大享受。我不禁自問，每天忙那些例行事務有意義嗎？或純粹是長期養成的習慣罷了。你是否注意到，每次你問候人們的工作情形，對方幾乎總是說，「忙啊！」那已經成了我們讓別人知道自己多麼成功的祈禱文。但是，想一想，當世界上最成功的人與你見面時，他們爲什麼好像擁有全世界的時間？他們好像從不看手錶或行色匆匆。時間長河似乎爲那樣的人而靜止。

看來，他們的每個會晤都是一次目標明確的接觸，必須全神貫注。他們具有專注於當下要務的獨特能力，那給予他們無窮活力，你也可以這樣。

在約拿丹那地方小住一陣再回到城市，使我感受到城市的強大活力，一股在每個人身上不斷碰撞、彈射而成的混亂動能，就像圍繞電核心四下彈射的電子束。每個人似乎都做好行動的準備，就等某件事情發生。動身出發吧！但是，他們要往哪裡去？我透過公園這個透鏡，看到一大早行色匆匆、熙來攘往的情景，好像每個人一早就已經被指派了任務，別奢望他們在達成任務前會抬頭看你一眼，甚至開口講話。假如這些在我眼前疾行而過的人眞的都有一種目標感，我會說，「哇，憑那樣的驅動力，他們可以讓整個世界動起來，並且一舉治癒癌症。」問題是，很多人並不知道自己要往哪裡去，他們不知道自己的目的地。太多人選擇一個令人遺憾的方向：他們輕輕鬆鬆地隨波逐流，並未花時間規劃清楚的路線。約拿丹常說，尼采（Nietzsche）總是提醒我們：「一旦你弄清楚爲什麼要做（the why），你就會明白該怎麼做（any how）。」問題是，你知道「爲什麼要做」嗎？

我曾多次發現，知道該問什麼問題比知道正確答案重要。約拿丹也提到，在禪宗的思維中，問題本身通常已包含答案。約拿丹認爲，通常並非你挑選目標，而是目標挑選你。

偉大的目標是動態的。那是一個能順應當前需要而不斷開展的願景。如果領導者不能創造出不同的目標，他只是徒具人格力量，而非變革的推手。如果沒有清楚的目標可

約拿丹說——

搞清楚「為什麼」是一種意志的鍛鍊。它會使得種種阻礙成為暫時的學習點，而非實際阻擾我們實現自身命運的事物。尼采堅持，我們不應滿足於大量傳統中唾手可得的答案。他希望我們努力找出屬於自己的答案，並從內心中領悟它們。

供追隨者認同和效命，組織最終將潰敗。

一九八八年八月，當我到貝克廣告公司（Robert A Becker）任職時，並不知道公司即將失去默克（Merck）、桑德士（Sandoz）及輝瑞（Pfizer）等重要客戶，但是就在三個月內，那些客戶紛紛走人，公司也裁員到只剩三十名員工。持股公司的管理高層對我說：「聽好，你的責任就是擺脫赤字，向董事會提出一份確實可行的願景和執行計畫，我們也會全力支持。」到了二〇〇三年，我們贏得「年度廣告公司」大獎。我們擁有三百二十名員工，客戶包括前十大藥廠中的七家，所代理廣告的產品中，十億美元以上的產品數量是業界有史以來最多。回想當初究竟如何做到，要歸功於一個獨特的目標。它平凡又簡單，並且受到內部重要人員的認同和支持。那個願景是，創造出一個能把品牌知名度打響到超乎客戶預期，並且專心一意造就重量級產品的廣告公司。我認爲，只要能做到這一點，客戶和優秀人才都會不請自來，結果也確實如此。我們不把力氣全用在廣告或直效行銷（direct marketing），而是專注於任何能帶動客戶產品達到最高成就的策略。

一個巴掌拍不響，要達成打造超乎客戶預期的產品形象的使命，也要靠產品本身和生產廠商的配合。當傑洛德・貝勒（Gerald Belle）到輔登領導力講座演講時，他對全球性企業如何透過開放性作法進行合併，並朝一致的方向繼續發展的看法，不僅學生受益匪淺，也擴展了我個人的思考。要將一個區域的不同產品、管理、業務人員及顧客利益結合成一體，確實需要相當的技能。想想看，全球性機構透過購併而結合是多麼艱巨的任務。在企管顧問領域，針對處理這種特殊現象，甚至新成立一個名爲「合併後整合」(post-merger integration) 的專業。

貝勒在課堂上指出，領導全球性組織（我會再加上全國性組織），是一種超越政治和文化差異，將人們集結在同一屋簷下追求共同目標的能力。貝勒曾經擔任著名藥廠安萬特公司（Aventis）的北美業務領導人，該公司今天已合併爲賽諾菲—安萬特公司（Sanofi-Aventis）。他當時帶領的正是這麼一家規模龐大、多種文化成功融合的知名企業。即使從今天看來，那也是一個高難度的任務，因爲大多數的合併行動非但無法強化組織，通常還會削弱原有目標。貝勒表示，以他的公司爲例，雖然那是由一家法國製藥公司（Phône-Poulenc Rorer）和一家德國公司（Hoechst Marion Roussel）合併而成的企業，而且在文化、政治及一般性事務上存在差異，可是員工能有志一同，全力研發和行銷拯救人類性命的藥物，必須歸功於充分且一致的溝通。

貝勒的工作地點遍及全球各地，也是一位令人印象深刻的溝通者，不是因爲他能震懾住你，而是他會退一步，用心聆聽。畢竟，溝通的力量不止於語言，更重要的是開放的態度。貝勒爲人津津樂道的是，他可以透過交談、風趣、說服等技巧表達他的目標，並以絕佳的演講傳達他的目標，說服公司員工和全球子公司體認到更遠大的圖像和亟須達成的使命。他使溝通的藝術成爲企業文化中不可或缺的一部分，讓不同的觀念、風格及傳統成功地結合，形成一個共同目標。

不久前，貝勒接下梅里亞公司（Merial Ltd.）執行總裁職務。梅里亞是一家規模龐大、產值數十億美元的動物醫療保健公司，也是賽諾菲－安萬特公司和默克藥廠聯合投資下的產物。要讓梅里亞的員工努力實現讓動物享有健康的目標，貝勒再次發覺到自己所強調，開放和溝通的正面作用。

爲什麼有的公司會成功，有的公司卻失敗？我認爲差別就在於能否持續傳播公司的願景，並且採取一切必要的行動讓員工認同這個願景。一個充分溝通的願景還能回答上述命題的另一個問題。「我們爲什麼要每天工作？我們的工作是什麼？這麼做難道只爲了賺錢嗎？」問得好！如果只是爲了賺錢，你幹嘛在乎在哪裡工作？包括我在內，對很多人而言，能讓一家公司有別於另一家的就是在目標的差別。人們希望在自己能認同公司願景，並留下個人輝煌成就的地方工作。

一九五〇年代，玫琳・凱・艾施（Mary Kay Ashe）以一位年近五十歲的女性，創立玫琳凱化妝品公司（Mary Kay Cosmetics）。她的故事說明了擁有與眾不同的目標，就有無限的可能性。艾施透過一對一傳福音般的推銷方式，讓姿色平平的一般婦女採用她的產品。結果讓這些女性無論外表和感覺都出現積極的改變，箇中奧祕就是她給予這些女性抒發活力的管道。艾施建立了一支家庭主婦大軍，她們宣稱：「我喜愛這些產品。我要推銷這些產品。它們改變了我。我也將現身說法，把其他人拉進來，像我一樣推銷這些產品。」艾施的祕訣在於，她所招募的業務代表不以賺錢爲目的，而是虔誠的信徒。

約拿丹說——

以禪宗的說法，實現意志不如拋棄它來得重要。我的意思是，你必須放棄逼你追求某一目標，認為你「應該做什麼」的自我，將一切交託給超越自我的平常心。禪宗主張接納你的「本心」（Big Mind），它將引導你達成一個遠超過理智想像能得到的目標。

傳教般狂熱的銷售隊伍其實是一個全新的概念。在這方面，她無疑是一個卓越非凡的先驅者。

讓目標遠大

使它超越尋常事物……成爲一種生活方式，而不僅是一個目標。

約翰・葛倫是一個人生目標始終明確的人。無論作爲海軍飛行員、試飛員、太空人或參議員，葛倫都爲自己訂下嚴謹目標。二次大戰擔任海軍飛行員時，他出過五十九次戰鬥任務；在韓戰，他飛了六十三次。葛倫曾經六度獲頒優異飛行十字勳章，並因二次大戰和韓戰期間的服務表現獲得美國空軍獎章。

身爲試飛員，一九五七年時，葛倫以三小時二十三分從洛杉磯飛到紐約，創下飛越大陸的速度記錄。一九五九年，葛倫進入美國太空總署擔任太空人。一九六二年，他登上友誼七號（Frendship 7），成爲第一個環繞地球軌道飛行的美國人。在四小時五十五分的飛行任務中，葛倫以平均時速一萬七千五百英里，環繞地球軌道飛行三趟。他接著在美國政界展開另一項傑出的事業生涯。他於一九七四年當上參議員，從此服務政界長達二十四年。甚至，在一九九八年十月二十九日，葛倫參議員以七十七歲高齡搭乘發現號(Discovery)太空梭重返太空。

這一回，葛倫升空進行一項長達九天的任務。他在三百五十英里的高空，環繞地球軌道飛行了一百三十四趟。太空梭的任務圓滿達成，完成多項科學性突破，葛倫也參與了其中一項，對瞭解人體老化的問題助益極大。

做了這麼多事情，葛倫參議員還想做什麼呢?問得好。回到地面不久，葛倫在哥倫布市的俄亥俄州立大學，創立了約翰葛倫公共服務與公共政策研究所(John Glenn Institute for Public Service and Public Policy)。葛倫推動這個研究所的動機，與先前人生歷程中所做的事情一樣，都是爲了體現他的目標，服務他所信賴且熱愛的國家。

葛倫的目標是，提供全國各地大學生一個研讀公共政策的環境，學習如何做出有依據、最符合公眾利益且思慮周密的政策。當他還在參議院時，最困擾他的，莫過於政府官員對選民福祉的忽視。葛倫希望從超越黨派的觀點訓練未來的領導人，教導年輕人政府仍大有可爲，深思熟慮也應當凌駕在政黨意識之上。

如今八十三歲但身體硬朗的葛倫，從未懷疑過他的目標。事實上，隨著公共政策越來越需要超越政黨、深思熟慮的考量，他的信念強度甚至與日俱增。在俄亥俄州紐康科德鎮的成長歲月中，葛倫聆聽父親的一次世界大戰故事時，心中總是浮現一個急切的問題：「我該怎麼做才能服務這個偉大的國家，這個我熱愛且相信它的價值值得維護的國家呢？」那個問題的答案就是，葛倫必須一生做好領導者的角色。

海納百川

確定組織中每個成員和重要顧客都參與其中。

大約二十五年前，同心協力基金會執行董事比爾・修爾向各方請益，並宣布將成立消弭世界飢餓問題的組織時，很多人都認為他瘋了。說要消弭世界飢荒的，應該是住家附近募集零錢的天眞孩童，而不是通曉事理、身為重量級參議員蓋瑞・哈特（Gary Hart）的幕僚長，後來還是哈特競選總統時總幹事的人物。然而，修爾不但那麼說，並且在過去四分之一世紀裡奉行不悖。

修爾接洽全球各地最有名氣的廚師，說服他們只要願意發揮所長，就能對終止飢荒做出重大貢獻。作法是，選擇高雅優美的場所，以名廚美食搭配美酒，舉辦高價位的募款餐會。同心協力基金會籌辦這類特殊公益活動，然後將募款所得捐贈給世界各地對抗飢餓有成效的組織。由於這個活動一炮而紅，各方參與十分踴躍，有些企業爲了取得共同贊助人資格，每年對同心協力基金會的捐款高達二百萬美元。

修爾消弭世界飢餓問題的作法，不僅滿足了對非營利部門有興趣的人，也爲那些想爲社會做點事情，同時提高自家品牌知名度，增加營收的企業，提供了參與機會。修爾善用企業希望透過建立正面形象提高產品知名度的需要。他不排除任何組織前來共襄盛舉，支持消弭飢餓這個更遠大的目標。同心協力組織協助瓶裝水愛維養（Evian）建立了品牌形象，並爲更遠大、消弭飢餓的目標賺進二百萬美元。

修爾如何成功召集各方參與者一同追求他的目標，並且一直保持參與的熱忱呢？在一個傳統上因工時長、工資低，加上成效不彰而使人們熱情逐漸消褪的領域，他又是如何做到的？

修爾的作法是，藉私部門的經營績效加上非營利組織的傳教熱忱，兩者相互作用而互蒙其利，就創造出一個兩邊都能接受的目標，並形成對雙方新而具有正面意義的事業。同營利與非營利事業之間本來就有很多可以相互學習之處，也有很多互助合作的方式。同心協力組織從成立以來，已經爲消弭飢餓募款超過一億五千萬美元。飢餓問題消失了嗎？當然還沒有。可是那個目標催生了一個運動，將企業目標吸納到社會目標的大傘之下，並且形成一種使組織生存下來且能持續成長的包容力。

任務導向

別讓單調的日常工作轉移你對當下要務的注意力——維持與所屬組織目標的密切關係。

前紐約市長魯迪·朱利安尼（Rudy Giuliani）稱霍華·沙菲爾爲紐約最優秀的警察局長。在沙菲爾的生涯發展過程中，他領導過四個全世界規模最大的政府與市政府組織，並使它們成功轉型。沙菲爾成功的原因在於，他是一個變革推動者。一個爲人表率、天天身體力行所訂目標的領導者。當沙菲爾在布朗士郡念高中時，應屆畢業生有一百八十八人，他是第一百八十七名，他總喜歡提起當年輔導老師說，「霍華，這個世界需要卡車司機。」但是，他還是爲踢足球而上了大學。而當他開始自力更生時，決定以進入警界作爲自己的目標。就這樣，大學畢業後，他獲得機會進入美國緝毒署（U.S. Drug Enforcement Administration, DEA）工作，擔任臥底探員，一做就是七年。

如今回想這位嚴肅、一板一眼、硬漢般的前紐約市警局和消防局長，在一九六〇年代擔任臥底探員，留著引人側目的大鬍子，綁馬尾，身穿寬鬆的羅馬式長袍的模樣，確實引人發笑。可是他當時卻是緝毒署裡經手案件最多的探員。一如我所說的，沙菲爾天天身體力行他的目標，直到今天依然如此。

儘管大型政府組織整天爲種種枝微末節的事務而忙碌，沙菲爾經常談論保持任務導向的必要性。在他從事臥底探員時，街頭探員與總局「管理階層」（the suits）之間，就很明顯呈現出「我們／他們」的態度分歧。大多數探員認爲管理階層根本不懂街頭的情況，而大多數管理者認爲街頭探員不懂策略。沙菲爾從來不陷入那類辯論當中。在他看來，重要的是完成任務，把罪犯關入監牢。他表示，「優秀的領導人是任務導向，也清楚目標是什麼。你不可以陷入官僚制度或傳統中。領導者應該對不當的政策踩煞車。」因此，在幹了七年臥底探員後，他刮掉鬍子，剪短馬尾，穿上西裝，走進總局，應徵緝毒署的策略師工作，負責管理街頭的探員。他一開始相當挫折，但堅持不放棄，因爲他很清楚這份工作是達成目標最佳也最迅速的途徑。那是一個領導者的角色。

後來,沙菲爾終於領導並改革了美國證人保護計畫（United States Witness Protection Program, WPP）、美國法警服務局（United States Marshals Service）、紐約市消防局及市警察局等單位。每件工作都贏得讚賞，讓大家對他後續的職務寄以厚望。當他被指派領導法警局的證人保護計畫時，那個單位正處於一團糟的狀態。沙菲爾面談新單位裡最受推崇的幹員（這種「瞭解環境導向」的面談是很多優秀領導人的作法，通常採一對一方式），瞭解到沒有人想待在WPP工作，因爲他們對自己領薪水保護罪犯的工作深惡痛絕。沙菲爾決定協助所有滿腹牢騷的員工調職，任用有工作熱忱的新人，相信他們會服膺一個連領導人自己一開始都感到困難的目標。

畢竟，沙菲爾原本是靠著把罪犯關進監牢謀生，如今卻反過來要庇護他們，給他們錢,並提供他們過新生活的必要條件?沙菲爾能自我調適,因爲他看到了更遠大的圖像,好比要將罪大惡極的違法者繩之以法,就必須保護、甚至悉心照料願意協助作證的罪犯。他努力贏得WPP幹員的認同，鼓勵他們將自身的角色看成執法人兼社工人員。孩子是無辜的，罪犯的孩子難道不也是?沙菲爾告訴屬下，讓那孩子成爲他們在工作中體現目標的軸線。他持續聚焦於任務而非枝微末節，協助一個原本不知何去何從的部門，塑造成一個充滿目標感的部門。

創造意義

目標必須對每個人都有意義——努力爭取他們的認同。

每當沙菲爾清楚看到屬下全力以赴時，就會爲他們爭取加薪。到最後，WPP成爲法警服務局底下待遇最好的單位。而在沙菲爾上任前，這裡的薪資曾經是最低的。他還安排屬下接受特殊訓練，以符合聯合國大會每年召開一次的特別會議期間，擔任安全警衛的資格。一度位居最低薪資等級、自尊心蕩然無存的WPP幹員，如今竟然被選派保護一百三十位全球最重要的領導人。

沙菲爾教導我們，讓人們竭盡全力追求比他們想像更大且更明確的目標十分重要，一旦他們全心投入，還要以一種能在他們生命中創造更深層意義的方式給予獎勵。

沙菲爾最後一項英雄傳奇是：一九九五年，紐約市在全美國心跳停止致死率排名第一，緊急救護（emergency medical services, EMS）回應一通心臟病發求救電話需要八分三十秒，而患者通常在發病八分鐘後已經腦死。紐約市消防局的沙菲爾於是靈機一動。

他知道每位消防員平常有百分之八十的時間是坐在消防隊裡待命，他也知道消防員平均到達現場的時間是四分鐘。爲什麼不能讓消防員執行心跳停止的緊急救護，挽救更多性命呢？

在沙菲爾的策動下，消防員被訓練成反應最快、最熟悉如何使用心臟電擊器的合格急救人員。紐約市心臟病發致死率因而大幅下降，沙菲爾則確保消防員薪水隨之調高。針對消防員額外的訓練和服務，他不只是斟酌調薪而已，他讓消防員比警察薪資多出一千五百美元。在紐約市，這可是一件大事，因爲這還攸關消防員的榮譽感。透過他的領導，以及讓消防員成爲降低心臟病發致死率不可或缺的一員，沙菲爾爲整個部門創造了意義。你必須曉得什麼對你的人員意義重大，並且在他們全心全意爲一個共同目標努力時個別獎勵他們。

目標通常是與個人有關。火災很危險，所存在的威脅也是立即性的。因此，「我整個早上都在忙著滅火」，已經成爲危機處理常用的比喻。胡斯曼（Jamie Huysman）是一位「滅火員」（firefighter），但並非你常見到的那種打火兄弟。約拿丹向我介紹胡斯曼的工作，讓他成爲另類的目標案例時，我也發覺他所傳達的訊息極爲相關。胡斯曼是具合格證照的臨床社工師（LCSW）和心理學博士（PsyD），擔任心理治療師協助有情緒危機的病人超過二十年，還曾以這個領域的專家身分上電視節目*Geraldo*。

從那次經驗中，胡斯曼爲深陷煩惱中的人看到新的希望：適當運用電視媒體或許能打開這些人們的心，讓他們願意承認自己的問題，並尋求和接受協助。但是他也瞭解，這麼做也會誘使看戲的電視觀眾，等著看到病患的心理創傷和戲劇性事件，而那造成的傷害勝過助益。

他觀察到，願意上這些節目的人已經無計可施。然而，他們得到的不是幫助，而是一群等待被娛樂的全國觀眾出於好奇所做的批評，以及原本就難以克服的心理問題在回家後「臨床誘發」（clinical triggering）。光是把上節目的來賓送回家，而不做專業的後續追蹤，其實是給來賓和他們的家人，甚至節目本身製造累贅。對一個矢志除去心理衛生議題的恥辱與污名的治療師而言，情況反而更糟。

爲此，胡斯曼創辦了「節目後照護」（TV Aftercare），一個結合醫院、門診計畫及治療師的全國性網絡，專門服務首次上電視述說私人問題的人。十二年來，這個組織與十個以上談話性、法庭及眞人實境秀等不同性質的電視節目配合，協助了六百多個家庭接受免費治療照護，這項活動收到的捐款也超過六百萬美元。

《莉莎秀》（*The Leeza Show*）就是其中一個重要節目。它持續運用「節目後照護」的服務，並且承擔治癒責任，而不只是娛樂。先前因《今夜娛樂》（*Entertainment Tonight*）而出名的主持人莉莎・吉朋絲（Leeza Gibbons），在該節目播出的六年期間，與胡斯曼建立起一種特殊的關係。當吉朋絲的母親五十七歲被診斷出早發型阿茲海默症時，她經歷了一次人生中的危機。阿茲海默症不僅讓母親直接體驗痛苦，也導致家人付出極大代價。吉朋絲於是向胡斯曼求助。

身為一位行動派女性，又希望利用本身的「名氣」價值協助其他人，吉朋絲創立了莉莎吉朋絲記憶基金會（Leeza Gibbons Memory Foundation），並且擔任組織總裁。胡斯曼則出任執行董事，扛起領導重任，開始在全國各地成立莉莎園地（Leeza's Places）。在這些地方，阿茲海默症和其他記憶障礙患者，以及照顧他們的人，可以獲得來自他人的支持，製作有關他們所愛的人的回憶剪貼簿，拍攝一部充滿回憶的紀錄片。這些地方布置得有如自家客廳，它的指導原則是「教育、授權、活力」。

身為優秀的領導者，胡斯曼不但具有驚人的商業和廣電專業知識，處事有方，還具有高度同情心。他的才華在於與人交心的能力。這絕對是一種不容低估的能力。他著重在協助人們面對個人痛苦，讓對方擁有克服萬念俱灰情緒的方式，而那可能正是領導人最重要的工作之一。莉莎吉朋絲記憶基金會的運作，始終明確地與它的目標維持密切的關係，因爲基金會的推動就是奠基於一個普遍適用的個人故事。藉著分享自己的親身故事，吉朋絲協助其他照護者體認到他們個人最重要的東西。這個獨特的組織說明了一件事——目標應該是與個人有關聯的！

經常檢查目標

目標依然有作用嗎？如果沒有的話，修改它，讓它變得有生命力。

管理大師彼得・杜拉克告訴領導人，如果組織的目標不再與成員有關聯，就該捨棄並改變它。杜拉克稱這個過程爲「有計畫的拋棄」(planned abandonment)。因爲組織的事情都是動態的，需要在第一時間與眞實世界互動。當原本的決定不具有市場的「現金價值」(cash value) 時，就是拋棄不合時宜的政策、程序或規定的時候。要保持目標的生命力，重要的是一再檢查你的目標是否正引領組織向前邁進。至於該從何處著手進行這些檢查呢？當然是針對你的顧客、選民、學生，還有受命每天執行你的目標的人員。

大都會人壽的托比塔說，「你必須喜歡你正在做的事情，否則，你就必須有勇氣換一個新的目標。」爲了身體力行這些話，他在辦公室裡擺了一樣實物，一支獨木舟的槳，作爲他時時不忘留意人們朝同一目標努力的法寶。這個擺設提醒他，如果船上的人不能朝同一方向划槳，船只會在原地打轉。

托比塔也說，眞正讓他保持朝目標前進的是，絕不能低估溝通的力量。他首次有這樣的領悟是他剛到大都會人壽工作時，那是超過三十年前的往事。當時，有位高層主管對著他走來，把一隻手放在他的肩膀上說，「你做得太好了，我們都很滿意。繼續那樣的好表現。」托比塔說，對菜鳥的他而言，那個評語的價值勝過金錢，使得他加倍努力工作。當年這次互動教導托比塔，不吝給予屬下個別回饋的重要性。

透過個別溝通維持目標的生命力，可以產生雙重效果。首先，領導者與直屬人員的溝通讓屬下明瞭，個人所作所爲與組織的整體目標有多大關聯性。直屬人員的回饋又讓領導者知道，當事人是否依然支持該項目標。這也讓領導者能從第一線人員得知，公司高層擬定的目標妥不妥當。如果不適當，那麼理所當然應該「有計畫的拋棄」，而且需要著手擬定新的目標。

托比塔、修爾、艾施、葛倫及沙菲爾等人提醒我們，目標不是拿來刻印在石頭上，裝框掛在牆上。目標必須充滿生命力，不但支持人們面對眼前的挑戰和創意，同時也帶領他們邁向最理想的未來。倘若事與願違，就是到了拋棄它而另覓新目標的時候。

人生變化無常，如果能拋開「不容批評的想法」(sacred cow)，將是我們在組織中所能做到最激勵人心的事情。一旦我們開始盲目熱愛自身的使命，再也無法客觀看待使命在眞實世界的可行性，以及實際受命執行仕務的人員，我們就已不再是領導者。我們變成了維持現狀的老官僚。有活力的領導者會留意目標的脈搏，並在它出現心跳停止時迅速因應，以使它恢復生機。

約拿丹的觀點

在將來的世界裡，我不會被問，「爲什麼你不是摩西 (Moses)？」而是，「爲什麼你不是蘇斯亞？」

——拉比・蘇斯亞 (Rabbi Zusya)

我的書桌上有許多寫著銘言的便條貼紙，其中又以出自拉比・蘇斯亞的這句話最有感覺。不久前，我又發現到另一個對我深具意義，出自霍華・舒曼（Howard Thurman）的金句。舒曼在民權成為正式運動前，就已經是個積極鼓吹者。他在一九三六年面見甘地，並因受其影響而轉變。他是由曾經身為奴隸的祖母扶養長大，繼而取得宗教研究博士學位，並當上哈佛大學校長。他後來成為美國第一個完全融合教會（fully integrated church）的創辦人。舒曼說，「別擔心世界需要什麼，但問什麼能讓你活力十足，就去做它。因為世界需要有活力的人。」在我看來，這就是父親在本章所要表達的想法。重要的不是領導者追求什麼目標，而是追求目標的過程。我百分百同意那才是領導的精髓所在。

我不認為隨便找個目標塞給你，它就成為你的目標。真正的目標必須是從個人內心醞釀出來。假如目標與個人才華或熱忱無關，外界再怎麼鼓吹叫好都沒有用。

這也是為什麼我那麼喜歡蘇斯亞的想像的道理。當他到了天國，上帝會問他什麼呢？不是蘇斯亞為什麼沒有更像摩西，而是為什麼沒有更像蘇斯亞自己。沒有兩個人是一樣的，每個人在世上也各自有他獨特的位置和目標。人們通常想到的是社會上客觀認定的

「好」（good）。但是，如果我們在訂目標時只考慮父母的感受，把選擇侷限在獲得讚美，個人內心卻在受苦，又有何益處呢？目標其實沒有好壞，重要的是能讓做那項工作的人感到一種目標感，而非無趣的苦活和責任。

葛倫做了自己的選擇，而且是駭人的選擇。但是，別忘了，他那麼做不光是因爲職責所在。他想要飛得比任何人更高、更快。沙菲爾也是如此。他的故事同樣看似不可能實踐。但是這些都不重要。別問自己爲什麼沒有更像葛倫或沙菲爾。要問的是，爲什麼你沒有更像自己。

禪修老師雪莉・修柏（Cheri Huber）說過一個故事，那是一位婦女生平首次到寺院禪修的經歷。她對這次體驗充滿期待，渴望帶來生命中的特殊經驗。她看到禪堂（Zendo），覺得它是那麼地優美寧靜，爲自己能置身其間而激動莫名。就在第一天早上踏進禪堂之際，她注意到門邊擺了一只裝了污水的水桶，還有髒兮兮的拖把。她從它們旁邊走過，感覺到內心一陣不快。由於那是一次參與者互不交談的靜默禪修，她發覺內心有個聲音，拚命要讓那只水桶消失。接連五天，她天天都專注在門邊那只水桶。當她發覺和尙們漠視拖把和水桶這幅令人厭惡的景象，她非但無法平靜情緒，反而越來越憤怒，接近完全無法冥想的地步。「應該有人把那只水桶移走，將它清洗乾淨！」她聽到自己心裡這麼說。終於，到了第六天早上，她心裡的聲音說：「等等，你就是那個人。」一旦想通了，她提起水桶，把它清洗乾淨，放到別的地方。

我們全都是故事中的那個人。我們的領導潛力也隨時可以發揮。沙菲爾高中畢業時是全屆倒數第二名。他如果接受輔導老師的建議當一名卡車司機，可能不成問題，輔導老師說得也沒錯，這個世界需要卡車司機。有些人也確實在那個行業中找到自己的目標，讓其他人理所當然地能取得每天所需的貨品。但是，輔導老師在一個關鍵細節上出錯，這個世界並不需要沙菲爾當卡車司機。世界需要他當警界的領導者。但是，那樣的想法需要一些醞釀的時間。當時的沙菲爾只知道，他渴望成為獨特的人物。他聆聽自己內心，並且勇敢追求。這就是我們所能做的一切。

一旦我們決定遵循內心的想法，結果也成爲領導者時，我們又該如何讓部屬也有機會這麼做呢？這是個不容輕忽的問題。很多人專心致志於自己的目標，全然不管其他人，結果與領導者的角色擦肩而過。要解決這個問題，一個很好的典範是，父親提到修爾成立同心協力組織的故事。修爾不希望底下的人只是模仿他的目標，他希望他們也能探索屬於自己的目標。修爾是一個能思考也有行動力的人（thinker/doer），他當然希望部屬也能跟他一樣。修爾知道一個人能夠長期努力不懈，靠的是自我承諾的驅策力，而其他任何事情只不過是暫時的演出。

在《給一位年輕詩人的信》（*Letters to a Young Poet*）中，里爾克建議一位來信求教的年輕人，「經歷你現在的問題，很可能不知不覺中的某一天，你就得到答案。」葛倫等優秀領導者期許追隨者的，其實跟里爾克對那位年輕詩人一樣。他們希望部屬透過努力找尋自己的目標，達成內心眞正要的目標。眞正的領導者必須有這種聰明睿智，明白那是實現目標的唯一途徑。

馬克．皮爾索（Mack Pearsall）是北卡羅萊納政治領導協會（North Carolina Institute of Political Leadership）主席。他告訴我，知識是一連串錯覺的破滅。這個道理其實同樣適用在對自我的認識。成長需要拋棄自認為是怎樣一個人的錯覺，而且要集中全力成為眞正的你。一旦你逐漸活出眞正的你，而非你認為應該是如何的那個人，獨特的事情自然而然會出現。

南西．盧布林是成功打扮組織的創辦人。這個全國性組織提供低收入女性求職面試和上班所需服裝。她正是年輕人完全經歷個人問題，直到尋得答案的絕佳例子。十年前的盧布林還是紐約一位二十四歲的法學院學生，但是對所學並不感興趣。她就讀法學院的理由就跟我們很多人找工作一樣——惰性。有一天，她打開信箱發現一張曾祖父遺產中指定給她的五千美元支票。她感到意外，因爲原本並不預期剛過世的曾祖父給她任何遺產。但是，當她注視著那張支票，有關曾祖父的種種回憶如潮水般湧現。他當年移民美國，爲讓家人衣食無缺，提供子女上大學而辛苦賺錢，一生勞碌。盧布林想到，曾祖父的每一分錢都是他辛苦工作賺來的，並希望能用來讓家人過更好的生活。

拿著支票，搭乘電梯上六樓，當盧布林回到了她位在曼哈頓的公寓時，「成功打扮」的點子已在她腦子裡。目標找到了她。一部新車、更多衣服，或給公寓添購家具都不會讓她在法學院的生活有任何改善；一個提高人生境界的（life-lifting）目標才能改變她的生活。

由於家人並不十分贊同這個點子，盧布林向一位教授尋求意見，對方建議她到紐約市西班牙裔哈林區(Spanish Harlem)找幾位認識的修女。盧布林找到了修女並告訴她們，她想開辦一項活動，請收入闊綽的職業女性捐出每季淘汰的舊衣，讓無家可歸和低收入的女性也能穿著那些幾乎全新的衣服。對那些女性而言，找到工作和重新自力更生的阻礙就在於，她們欠缺合宜的上班服裝。修女們也對這個點子十分有興趣。

她與修女們分享有關曾祖父生平，以及她要如何把所繼承的五千美元全數用來實現那個想法的故事。她請修女們協助聯絡可能受益的女性。修女們一旦確信盧布林的決心和熱誠，馬上協助她展開行動。正如她們所言，其他的就是大家後來看到的種種。

盧布林先在紐約各地成立衣服回收中心，後來擴及全美國。成功打扮已經成爲職業婦女有心回饋社區和協助其他女性時，行善和發揮愛心的重要管道。你大概猜到了，盧布林一度從法學院休學（雖然最後還是拿到學位），全心全意經營「成功打扮」。

如今，盧布林是「起而行」（Do Something）組織的執行長。組織的任務是協助高中學生「行善」（good deeds），做一些慈善和社區服務。盧布林發現，起而行，過有目標、懷抱熱情的生活，要比日復一日空想來得容易。她發覺自己不再苦思該做什麼，她就是放手去做。

父親提到我們在紐約市區漫步，談論目標時所看到的喧鬧景象。去年秋天，我有過一次極不相同的散步經驗。我參加禪宗老師烏卡穆拉（Shohaku Okamura）所帶領的戶外禪修，健走阿帕拉契山步道。步行理當保持靜默，可是在出發前，他給我們十二個人一項指示，「走得慢的人在前面。」直到後來，我才明白其中道理。烏卡穆拉希望我們留意森林，也留意置身林中的自己。烏卡穆拉走在眾人後面──一幅迥異於「追隨領導者」傳統概念的圖像。他的領導訊息十分淸楚：「不要跟隨我；而是學習信賴自己，跟隨自己的領導過程，目標終會出現。」

二〇〇四年，克里斯多福・李維（Christopher Reeve）過世了。在我的印象中，騎馬摔傷前，他的人生有一個目標，在他象徵性地重回馬背時也有一個目標。他獨自一人就改變了我們對脊椎受傷的想法。他靠著絕不放棄的毅力，藉由持續工作、演戲、導演及寫作做到了。李維始終相信他能再度行走。在過世前一個月，他上了《歐普拉脫口秀》（*The Oprah Winfrey Show*）。歐普拉的問題很直接，卻問得結結巴巴，好像深怕那個想法會擊垮李維。歐普拉問：「如果你再也不能走路會如何？」但是，這就是「超人」（Superman）。李維回答，「那麼我就不再走了。」不能走路沒什麼大不了，不過意味不再行走罷了，可是也沒有理由停止奮戰。失敗的可能性並不意味你要放棄追求自己的目標，那只意味你已經看過失敗，並且又繼續向前。

目標

領導者的複習清單

實踐／活動

・讓目標遠大

使它超越尋常事物……成為一種生活方式，而不僅是一個目標。

・海納百川

確定組織中每個成員和重要顧客都參與其中。

・任務導向

別讓單調的日常工作轉移你對當下要務的注意力——維持與所屬組織目標的密切關係。

・創造意義

目標必須對每個人都有意義——努力爭取他們的認同。

・經常檢查目標

目標依然有作用嗎？如果沒有的話，修改它，讓它變得有生命力。

3 熱情　溫暖的火

由熱情引導，理性把持韁繩。

——班傑明・富蘭克林（Benjamin Franklin）

當我與約拿丹討論到熱情這項領導修練時，我的母校俄亥俄州立大學頓時浮現腦中。那是我年輕時代熱情啓蒙之地。我深愛這所大學，因爲它教育了一個來自布魯克林區的男孩，讓他成爲大人。它的學業挑戰、體育狂熱，加上認識一批終生死黨，都是我無法形容的滋味。我從未想過邀請兒子一同回去我的母校。我也一直認爲那是屬於我的「過去」，與約拿丹無關。畢竟，他不是大學足球迷，也很少看電視的運動節目。他的興趣是高水準的戲劇。有趣的是，在撰寫本書期間，當他終於和我一同返校參加週末校友會時，他發現觀賞俄亥俄州足球隊比賽的經驗充滿戲劇張力和熱情。

球賽開始前的高潮是，「地球上最棒的鼓號樂隊」進場遊行。這支樂隊動作整齊畫一地演出「俄亥俄」字形排列（Script Ohio）。過程中，樂隊成員帶著樂器巧妙地變換隊形，排出書寫體的「俄亥俄」英文字。全場彷彿人不見了，只剩下一個字在演奏音樂。最高潮出現在俄亥俄那個「i」的小點身上。依照慣例，那個位置是由大四低音管手演奏擔任。沒錯，連約拿丹也被挑逗到不行。他雖然從未踏進這所學校，也不注意這支球隊的輸贏記錄，喜歡爵士小號手葛拉斯比（Dizzy Gillespie）更甚於軍樂隊指揮、作曲家蘇沙（John Philip Sousa）……但是這一切都不重要了。

樂隊紀律嚴明，演出毫無瑕疵，更爲了共同的目標，展現完美的協調合作、榮譽感，以及努力不懈的精神。這份熱情明顯感染了約拿丹。散場後，我們不斷自問：我們可以從這場演出中學到什麼？接下來一整個週末，我們在校園和哥倫布市漫步，也不斷向對方提出這個問題，討論領導者如何展現「熱情」，激勵其他人更加投入，達到原本自認爲不可能的表現。

熱情的操作定義是，以龐大活力和責任感投入自己的工作與組織，創造出點燃同僚士氣的火花，以及表現出更強大的「做」的意願。

熱愛工作

對現在這份工作，你看重的是工作本身，還是它的收入呢？如果答案不是「工作」，你最好趕快重新評估這份工作和職位，必要時，離開它。

大都會人壽的托比塔告訴輔登領導力講座的學生，你必須熱愛所做的工作，否則還是趕快另謀高就。當他第一次這麼說，而同學們後來也認爲他確實對自己的工作充滿熱情時，其實頗令人玩味，因爲托比塔並不是在一般公認有吸引力的行業工作。一般人也不會把拉保險想成有熱情的工作。不過，如果你想駁斥托比塔的說法，其實更難。因爲他認爲，保險提供客戶財務上的自由，這正是激發他熱情的來源。

賺多少錢當然不足以成爲激勵因子，可是財務自由意味著當事人能從壓力中解放，這就形成一個很有價值的目標。我知道約拿丹和千禧年世代很看重這一點。報酬如果不能成爲努力工作的意義，那麼工作必須具有其他的意義，至少有個眞正的目標。這種看法與一九八〇、九〇年代初期的華爾街觀點截然不同。因爲那段期間，大家信奉極端利己主義的熱情，目標不在工作本身，而是能賺多少錢。當時的華爾街和安隆公司都追逐這樣的熱情，而非做好領導。熱情只限於金錢，僅此而已。

要找出不同於這種爲賺錢而賺錢的態度，輔登大學校長約瑟夫・麥克蕭恩神父是個很好的例子。一般認爲熱情是一股驅策力，是種自願做、持續做，追求更大成就的力量。但是當你瞭解麥克蕭恩神父的熱情，你會更清楚什麼才叫領導的熱情。因爲神父是眞正熱愛本身的工作，並且不求任何金錢回饋的人。麥克蕭恩神父不營利，沒有薪水，也沒有分紅。他得到的每一分錢，除了少數維持生計外，全都奉獻給教會。麥克蕭恩神父的目標也很簡單，按照天主的旨意工作。他無論被派到哪裡工作，都看成是天主的安排，因此毫不遲疑全心投入。他這種看待工作的情操，來自〈路加福音〉第十二章四十八節：「施比受更有福。」他所堅持的誡命，是耶穌會會主聖依納爵（Saint Ignatius）所說：「一切崇敬與榮耀，都歸於天主。」這絕不是我們一般看待事業，設想一年可以賺多少錢的態度。

在眾多天主教學校中，一九五〇至八〇年代初的輔登大學一度是所輝煌的學校。作爲這所學校的校長，麥克蕭恩神父的熱情是，將該校重新帶回昔日傑出的地位。這份熱切的期待一如他的父親、兄弟，他本身也因從小跟隨父親出入學校大禮堂，感受到教育力量的神祕和偉大。麥克蕭恩神父對這個目標的熱情就好像「受洗者的渴慕」。在美國的二十八所耶穌會大學中，喬治城大學、波士頓學院、聖母大學的排名目前都超過輔登大學，但是麥克蕭恩神父認爲，情況未必永遠如此。輔登大學必將重新恢復昔日的卓越，如果做不到，他也應該知道問題在哪裡。

麥克蕭恩神父喜歡開玩笑說，他雖然不賺錢，但是很愛「錢」。他愛錢，因爲金錢能幫助輔登大學和校內百分之七十依賴獎學金讀書的學生，打造光明的未來。他希望輔登大學永遠都像培育他的家族般，一所讓窮孩子有機會讀書的學校。

有一晚，在輔登領導力講座上，學生一直問麥克蕭恩神父有關領導信念的問題。他最後做總結：「很簡單，你要成爲領導者，就不能小看任何人。你必須發掘他們內在的偉大，讓那些優點釋放出來。」說完這句話，他在開懷的笑聲中翩然離去。學生轉而問我：「神父的意思是，如果我們要領導，就必須先發掘自己內在所愛，努力追求它，是這樣嗎？」我點點頭。接下來我反問全班：「神父提到如果要領導，就不要小看任何人，這一點爲什麼很重要呢？」這時，教室後排響起一個很愉快的聲音：「因爲除非有一天，對方願意讓你發現或分享，否則你永遠不知道別人內心的熱情所在。」這班學生真優秀，**要熱愛工作，還要警覺到別小看或低估別人的想法**。領導者的工作就是培養、強化每個人工作的熱情。領導者絕不會對提點子的人澆冷水。

今天的職場，擔任社區志工成為一種新穎、但能帶動員工熱忱的方式。許多大企業維繫員工忠誠的一個重要作法是，每年給主管四週假，讓他進入社區做服務。優比速快遞（UPS）就很積極倡導社區志工服務，結果讓員工和公司雙雙受惠。管理高層重視業外服務，也使得公司因為許多良好的服務表現，獲得社區的佳評。

美國每年有六千五百萬人投入志工工作。這並不是新的現象。在二〇〇五年二月二十七日的《紐約時報》（*New York Times*），艾蓮・澤梅曼（Eilene Zimmerman）所寫〈做好社區服務，讓自己生涯更美好〉（Doing Well in Your Career by Doing Good Outside It）一文，就大力鼓吹「回饋、回歸的趨勢」（give-back, get-back trend）。美國志工組織（Volunteers of America）負責人拉佛尼・坎貝爾（LaVerne Campbell）也說，越來越多人選擇特定領域從事志工活動，該組織目前的成員中，大學生、渴望轉換職場跑道的上班族，或是準備重回職場的女性，就占了將近九萬人。「他們自願在自己有熱情的領域服務，進而發掘出一份新工作。」

面對許多找我諮詢個人生涯目標的年輕朋友，我總是鼓勵他們從志工做起。從全美最紅的職業介紹機構 Monster. Com，媒合想做志工者與非營利組織的 Idealist.org，或連結非營利組織董事會與有心擔任董事的企業家的 BroadnetUSA.org 等網站蓬勃發展來看，熱心參與志工活動顯然已是一個全國性的運動。這也是你表現自己是個有愛心、熱情、值得信賴的員工時，一種正當合理的新途徑。

保持創新

讓你的熱情「不合理」地挑戰自己和員工。

我們常認為，熱情是不受拘束，超越理性的東西。大都會人壽的托比塔對這種力量的解釋就很精彩。他告訴輔登領導力講座的學員，「跳出常理吧。當員工告訴你需要花一週時間來做這件事，你大可反問為什麼不能在一天內完成。當員工告訴你這要花上一百萬美元時，你何妨問他為什麼不能用五十萬美元做出來。你就是要保持跳出常理的態度。」托比塔以這個例子說明，如果你太理性，如何獲得創新呢？我們是不是對每日現狀太習以爲常了呢？愛迪生（Thomas Edison）或金恩如果缺少熱情，新思維或新發明還會問世嗎？托比塔和許多領導者都認爲，熱情可以刺激進步。

在科學探索領域，每天都有熱情引發進步的情況。這也是路易斯安納州立大學卓越神經科學中心（Neuroscience Center of Excellence，坐落在紐奧良）創辦人尼可拉斯・巴贊（Nicolas Bazan）博士親口告訴我們的。巴贊與一些當今最傑出的研究人員，致力於腦部醫學的創新。他服務路易斯安納州大醫學院二十年，籌募到有史以來最多的研究經費，成立了十四支研究團隊，進行多方面的腦部研究。巴贊憑著熱情，不斷激勵這些研究人員和研究助理。儘管他是一位受過嚴格蒐集、分析數據訓練的研究醫師，他最特別的工作是，不斷找尋新而更好的方法，以探索與疾病相關的細胞機制，進而測試研究團隊所開發的實驗性新藥。這些想法無法靠理論來建立，但是必須能被證實有效。對巴贊而言，除非研究成果能確實回答問題，協助飽受病痛所苦、迫切需要新藥的病人，否則他不會滿意。

巴贊本身就是腦部醫學權威，涉獵阿茲海默症、癲癇、中風、高齡肌肉退化、頭部外傷和疼痛等領域。他最大的挫折在於，直到今天，他致力研究的這些重大腦部疾病，醫學界只有緩和，沒有治癒的對策。這種挫折感變成一種動力，激發他每天更努力尋求治療上的突破性成果。如今，他的團隊已經將一種新藥送進實驗室。這種新藥的效果在於，當病人中風後的兩小時裡，如果注射該藥劑，腦溢血的情況會比較緩和。他因此努力鼓吹救護車應該配備這種藥劑，好爭取更多稍縱即逝的治療時機。他的團隊也已經發現，人腦有種很關鍵的天然機制，足以保護神經元，讓它受傷後能自我恢復。如果這項作法臨床實驗成功，很可能一種治療阿茲海默症的新方法就將問世。

巴贊的渴望探索是領導者的典範。他為了停止病痛的擴散，從不放棄以超越合理的假設，尋求突破性的治療藥方。

將個人熱情與全球化合一

在企業工作，每個人都有自己的熱情。
你要利用企業使命，肯定並拓展員工的熱情。

領導者應該如何顧及員工的個人熱情呢？面對數以千計的員工、大規模官僚體系的大企業，領導者也要能激勵這些個人的熱情嗎？答案是，沒有選擇，必須如此。因為有才華的人正因企業結構太僵化，無法整合或認可個人的熱情，而大量離開組織。好消息是，有些偉大的企業已經開始在這方面努力。這象徵了經營哲學的大轉變。當托比塔在輔登領導力講座上談到，「各位要知道，身爲領導者必須懂得如何鼓舞員工，而不是鼓舞自己」時，學生各個心領神會。

托比塔要讓這套思維進入企業結構中，只使用一種簡單但清楚的練習。他讓各級主管與直屬部下做一份問卷。主管要根據問卷提示，依序圈選他認爲最重要、最能激發部屬熱情的項目。同一時間，他們的部屬也就同一份問卷進行自評。雙方接著就問卷答案進行比對和討論。托比塔告訴我們，絕大多數時候，管理者在這個練習上的表現一塌糊塗。他們認爲自己很瞭解激發員工熱情的方式，其實不然。不過，隨著討論，核心問題開始明朗清晰，奇妙的事情也隨之發生。大家因爲相互瞭解，不再把對方看成是協助所屬部門提高每季績效的「功能」而已。結果呢？托比塔的員工因爲有機會說出最能爲公司做出最大貢獻的個人心聲，並且讓企業目標與個人激情結合，工作滿意度開始提高，公司利潤也隨之上揚。

紐約奧美廣告公司總經理比爾‧葛雷也很認同托比塔的觀點。這家坐落在曼哈頓區，名列全美前十大的廣告公司，共有一千六百名員工。葛雷讓這家公司成爲產業界最有創意的企業。在奧美工作的創意與策略分析師，就像一般紐約的廣告人般，絕對不是很容易帶領的專業人才。他們聰明、固執、不願意受約束。葛雷的工作就是讓他們每天高來高去，表現最精彩的成果。他能做到，因爲他的互動中充滿熱情。他很喜歡拿破崙一世（Emperor Napoleon）的名言：「領導者是與希望打交道的人。」這也是他對自身角色的看法。

葛雷也告訴輔登領導力講座的學生，他與奇異公司傳奇執行長威爾契多年來打高爾夫球的經驗。那些經驗讓他學到很多有關領導熱情的觀念。像威爾契這種偉大的領導者就很看重這一點。威爾契曾給他一個建議：時時刻刻保持熱情，叫出上上下下每位員工姓名，對那些自認爲你不可能知道他的員工，更要做到這一點。葛雷告訴我們，威爾契的觀點是，領導者在語言上表現熱情，就能在企業巨人身軀裡創造出小企業的靈魂。這也是在經營上獨特的優勢。

葛雷還想到威爾契的另一個教誨，也就是他慣用「活力」（energy）、「激勵」（energize）、「優勢」（edge）這三個「E」領導。這句話從美國最具熱情的領導者口中說出來，眞是熱情領導者的最佳註腳。

葛雷還談到他從威爾契那學到，領導者可以看成是一位處在戰場主動迎戰的戰士。他告訴班上同學，領導者必須熟悉他的子弟兵，視他們爲手足，自己也要親赴戰地，與同袍同甘共苦，弄清楚第一線部屬如何應付所面對的挑戰，並且交流彼此的熱情，讓對方知道你們的信念一致。領導者所犯的最大錯誤，就是忘記部隊正在前方打仗，也不相信他們會全力以赴。如果領導者更改作法時，不先評估利弊得失，將會產生難以估計的負面效果。這種錯誤也將導致部屬的熱情瞬間蒸發殆盡。葛雷相信，領導眾人達成目標的過程中，創造力很重要。領導者必須以創意來面對困難，解決問題。創造力是建立持續的熱情的根本條件。少了持續灌輸的熱情，根本就談不上領導。

練習兼容並蓄

聚焦不等於一廂情願。

我和許多領導者都曾經認爲，領導就是激發別人以同樣的熱情面對我們的熱情所在。而我現在瞭解到，那只是激發熱情的一小部分目標。更重要的是，幫助他們發現自己的熱情所在，並在組織使命中找到可以表現個人熱情的空間。我聆聽輔登講座的領導菁英，並且從中學到，偉大的領導者需要對自己的工作懷有熱情，但並非一廂情願，無法察覺或包容其他人不同的熱情。

CorePharma 製藥公司執行長、四十多歲的楊格出席輔登講座時，以甘地作爲偉大領導者的例子。很少人將甘地與企業實務聯想在一起，楊格則獨具慧眼。他要說的是，甘地一直致力於不要掉入自己任務的激情中。他努力克制自己的熱情，一旦太自以爲是時，甚至還會覺得很難堪。楊格高度贊許甘地這種自我約束的態度，因爲他能意識到傲慢是在領導的對立面。

甘地有一個非常想實現的使命。可是大家也都看到，他其實也保持了非常大的彈性和開放性，包容其他懷抱熱情的人加入這個願景。甘地自傳的副標題是「我實驗眞理的故事」（The Story of My Experiments with Truth）。他雖然是世界級的精神領袖，終其一生有數百萬名追隨者，可是從不宣稱自己擁有「眞理」。他會說自己正熱情地體驗眞理。這也打開非常大的空間，讓別人一起參與體驗自己的眞理，一起加入一個比個人還更偉大的工作。

實驗會帶來創新。如果你持續實驗，就會不停地嘗試，並且發現能激發你的熱情的新事物。我就是這種人。如果我每天不學點什麼新東西，就會感覺沮喪（這一點，我也常向員工告白）。這個世界太大，機會太多，關鍵在於你有沒有勇氣抓住機會。你要領導，就必須要有這種勇氣。

結果導向

鎖定結果，而非即將面對的過程。

當我想到勇氣，立刻想到百事可樂資深財務副總經理賴歐尼・諾維爾（Lionel Nowell）這個人。諾維爾來自哥倫布市，也是俄亥俄州大校友。有些人可能將他的成功歸因於早期俄大求學的訓練……我有不同的看法。

諾維爾對追求卓越的熱情顯而易見。他是營業額二百七十億美元的上市公司一級主管，也是多家全球頂級企業和大學董事會成員，業界公認當前最出色的財務策略專家。可是他每天除了忙這些，還有一項個人使命，到美國各地與年輕人溝通自己奉行多年的領導原則。

諾維爾認爲，要做一個熱誠的領導者，第一個原則是「做自己的主宰」。他相信領導者絕不把自己的未來放在別人手中。他爲自己描繪未來的路徑，認眞貫徹。爲了闡釋羅馬哲學家賽內卡（Seneca）所說：「如果你沒有方向，每條路都可以是你的方向。」諾維爾告訴班上學生，要成爲成功領導者，你必須熱切地追隨你的目標。因爲「唯一能在生活中左右你實踐的人，就是**你自己**」。他還提到兩個成爲熱誠領導者的條件。第一個是：不要怕改變與冒險，而是擁抱它們。第二個是：不要歧視別人；學習對每個可能協助你的人敞開心胸。他要說的是，應該給年輕人挑戰，而不要使他們自我設限。

當諾維爾還小時，每天晚上要隨父親進行當天的第二份工作，打掃哥倫布市中央商業區的辦公大樓。每當父親不注意時，他就按捺不住，溜進那些裝潢華麗的主管辦公室。「我通常坐在鋪了眞皮的旋轉椅上，心想那些人坐在這些大椅子上工作的情景。他們會做出什麼樣的決策呢？這些決策又會產生什麼樣的影響呢？我渴望成爲像他們這種人。」如今，他的心願實現了。

然而，一個非裔美國小孩如何從哥倫布市貧民區成長，成爲家族中第一個讀大學，還躍登企業層峰呢？許多懷有相同志向的年輕人見到他時，心中不約而同冒出這樣的問題。對於這樣的問題，他非但不避諱，而且還立刻熱誠地回答：「我能克服任何困難，你一定也行的。」

諾維爾相信，每個人必須對自己的目標有熱情，還應該為自己渴望在個人和專業生活中獲得的成就，訂定一份書面的行動計畫。當年輕的領導者經歷嚴苛的障礙時，他的建議是，「鎖定你要的結果，而不是將必須面對的過程。」一個人會是成功的領導者，還是一無所成，區別就在他對想要達成的目標是否有熱情。

每當諾維爾遭遇困難時，就會想起舒曼這位在企業和軍旅服務都很傑出的領導者。舒曼曾經是美國空軍菁英飛行員、教練，如今擔任 VIASYS 健康照護的執行長。他也曾參加賓州大學的一項領導力研究計畫，該研究發現一個人能不能成為領導者，關鍵因素是他面對逆境的態度。逆境是否會擊倒他，還是被他當成變得更善於應變、更有決心的磨練機會？

當困難重重，而你聽到自己說，「我所面對的情況實在太困難了，我真的對要達成的目標毫無熱忱。」這時候，無論是舒曼或諾維爾，都會建議你三思後再說這句話。

諾維爾堅信，「生活不是一個湖，而是一條溪。」這意味著我們沒有停下來休息的時候，只能靠著熱情繼續往前走。能夠想通這一點，才能瞭解他將擁抱而非畏懼改變和冒險，熱情地奔向目標，列爲最重要的領導力原則的道理。

不過，熱情絕非一時興起，而是一種終身實踐的態度。當你年輕，沒什麼可損失，

約拿丹說——

我二十歲時，參加一個名為「非暴力選擇」(Nonviolent Alternatives) 的活動，並在南達科塔州拉科塔蘇族保留區 (Lakota Sioux Rosebud Reservation) 住了一個月。這個活動是由利司勒協會 (Lisle Fellowship) 與甘地和平基金會 (Gandhi Peace Foundation, GPF) 共同贊助。參加的包括歐裔美國人、北美原住民和來自印度的印度人，大夥住在錐形帳棚內，一起炊事，一起在保留區內勞動，學習北美原住民的生活方式。蘇族中的拉科塔人要為全體族人和土地做出任何決定，不僅要考慮到人類社群，還要考慮到眾神，與樹木、岩石、野狼、麋鹿、老鷹等各種群體進行溝通。要領悟什麼是非暴力，這是一個非常有價值的整體性學習。我在這個領導訓練營中遇到克利斯 (Chris Klug，譯註：美國滑雪名將，換肝後於二〇〇〇年鹽湖城冬季奧運彎道滑雪賽中勇奪銅牌) 和GPF領導者拉梅許 (Ramesh，譯註：印度著名音樂家) 等，都是備受尊敬、如假包換的領導者。最震撼我的是，他們嘗試將甘地主義模式化，用來瞭解新的文化。這種能力讓他們接納、包容我們，還教導我們做這一切「其實沒什麼」。他們高舉他者的價值只要是有人性的人都會做的事。

卻能夢想贏得全世界時，冒險還比較容易。當我們開始成功，大多數人會轉爲守住成果。這種態度雖然合情理，卻等於放棄領導者的角色。偉大的領導者會主動變革，而非因爲環境逼迫才行動。他們爲了達成下一個目標，甚至會隨時準備主動離開個人和專業上的舒適區（comfort zones）。熱情的領導者不會安於工作現狀，而是相信他們將在職場生涯中歷經多次變化。有智慧的領導者，不分年齡都很清楚，以拖待變的時間越久，他和部屬，乃至整個組織所要承受的痛苦就越多。

一如我們所見，領導者是有行動熱情的人。採取行動表示他必須不斷做出決策，而且通常是比較困難、也比較容易出錯的決策。如果你是從未出錯的領導者，那顯示你並

約拿丹說——

當我們撰寫這本書時，編輯給我們一本書。那是由一位領導力專家和一位倡導平等權利的律師共同寫的。我很喜歡書中對放棄全面控制的說法：「你不能控制別人怎麼做或怎麼想，你不能控制周邊所有發生的與你有關的事情，可是你可以選擇控制你的情緒和理智的反應。」（柯布斯〔Price M. Cobbs〕、滕諾克〔Judith L. Turnock〕合著《破解企業符碼》〔*Cracking the Corporate Code*〕）

沒有傾全力投入這個角色，沒有認眞甘冒風險以求更有效地達成你與組織的目標。我認爲，如果比較長期成功的領導者與一時表現不錯的經理人，他們的差別就在於，兩者雖然都有熱情，也不迴避風險，可是領導者面對錯誤時表現出學習熱情，並以挫折來淬煉應付下一個挑戰的更高明的計畫。領導者知道，你要持續進步，就必須能一次又一次做出更佳的選擇。

當然，領導者要承受風險，並不等於不帶降落傘就往飛機外面跳。領導者的風險是經過計算，但是沒有到達必須百分百地瞭解市場，凡事小心規劃的程度。你很清楚想要的資訊一定是不充分的，熱情意味這時的你敢依據直覺膽識做決定。決定往前走，不但因爲數據顯示這麼做是對的，也因爲偉大的領導者有熱情和勇氣，想嘗試他相信能讓組織更進步的作法。熱情是表現領導力的那一點。世上不乏技師、統計人員、市場研究員，但是領導者才是最終扣動扳機、負起責任的那個人。這絕對需要滿腔熱情才行。

諾維爾在輔登領導力講座演講的最後，朗誦了一首詹姆斯．派翠克．肯尼（James Patrick Kinney）所寫，名爲〈內冷〉（The Cold Within）的詩。這首詩描述一個酷寒的夜晚，有五個人圍聚在一盆即將熄滅的火堆前。他們當中有名黑人，有個窮人，有個富人，有位傳教士，還有一個除非別人先對他好、否則絕不出手助人的人。

這首詩詳細描述了每個人寧可緊抓著手上那根柴火，整個人縮成一團，卻不願意起身，將手中柴火投入火中，讓火繼續燒下去。有錢人不願意放棄他手中的柴火，因爲他不願意讓窮人分享。窮人不願意放棄自己的那一份，因爲這會令有錢人受惠。黑人不願意讓白人占便宜，白人也不願意給黑人好處。傳教士則不願意異教徒受惠，至於只占便宜的那位仁兄，除非別人先犧牲，更不想爲別人服務。結果是，當火堆化爲灰燼時，這五個人都凍死了。

對諾維爾而言，領導者必須是率先拋出自己手中柴火、讓其他人被這份熱情感染紛紛起而行動的那個人。領導者必須信任別人，也必須被別人信任。這首詩恰當地呈現出，當導致分裂的因素出頭時，組織的熱情隨之消逝。偉大的領導者不僅生火讓大家可以前來取暖，他們還是那個首先丟出手中柴火的人。

約拿丹的觀點

當眞實的熱情感動你時，照實說，熱情地說。

——勞倫斯（D.H. Lawrence）

我的車先朝西開，再轉往北方，穿越田納西州進入肯德基州。當我告訴父親，如果我們要在哥倫布市會合，一起欣賞足球賽的話，我將開車而非搭飛機，父親嚇了一跳。他不瞭解的是，當我看地圖，這趟旅行必須經過肯德基州時，我很篤定自己一定會開車。因爲多少個夏天，當我獨自一人在美國大陸上旅行奔波，唯獨沒有到過肯德基州。就這樣我的車進入肯州境內，腦中浮起威士忌和鄉村音樂，我停車，吃了鯰魚和炸秋葵。女服務生的口音又重又硬，她們急促的話語彷彿手排檔般送我掉轉車頭，直奔眞正的目的地。

當我抵達哥倫布市時，父親說，我們將參加約翰葛倫公共服務與公共政策研究所擺放時間膠囊的儀式。我們可以把自己的想法放進膠囊，埋進土裡，等到一百年後再挖出來。當葛倫參議員致辭時，我想到月全蝕即將來臨，旅行家一號（*Voyager One*）正在距離太陽八十四億英里遠的太空，準備脫離太陽系。當葛倫說話時，你的心也隨他飄進新世界。

我直到三十五歲才踏進哥倫布市。可能是先前的我尚未準備瞭解父親年輕的歲月。這一天，我準備好了。我可以在現場看清楚這個以發現美洲者爲名的城市，也是父親年輕時探索他自己的地方。孩子有機會窺視父親自我探索與成長的地方，其實是件很奇特的事情。因爲你很難解釋，爲什麼早在你到達前，就已經那麼熟悉這個地方。因此，無論在城裡或校園內，我們會一路討論父親視爲領導力的燃料的特質：熱情，也是再合理不過的事情。

我發現自己眞的被這一章的故事啓發、感動得無法形容。熱情，或是熱愛你所做的事，當然是領導者生命中的血液。這一章很大部分強調，如果你對正在進行的工作缺乏強大的熱情，那就別在那裡繼續白耗力氣。無論是選擇愛你的工作或發現你所愛的工作。父親就是以這種熱情成立了公司，諾維爾則是讓老企業展現新生命，葛雷在廣告界激發最重要的創意人才的成就，麥克蕭恩神父則是負責任地努力讓他鍾愛的大學重返卓越之林，巴贊更憑熱情打造一所全球知名的神經科學中心，每天工作治療腦部最頑強的疾病。

在佛經中，《法句經》（*Dhammapada*）是最古老的經典。當它描述熱情時，它是這麼說：「你的任務就是探索你的工作，然後全心全意地融入它。」我們必須先站在高處，看到我們的機會在某個時間和某個地點出現，選擇了我們，引導我們進入有感覺的工作。就像麥克蕭恩神父告訴聆聽輔登領導力講座的學生，每個人都有他正在燃燒的熱情。他們最需要的是，一個能安置這些熱情、運用這些熱情的空間。

想想諾維爾從幫他父親打掃企業會議室，到後來成爲一個坐在董事會的人物吧。想想所有這些領導者，他們任由熱情帶領，展現遠遠超過個人成就的故事。很多人在位居高位時可能已經停下腳步，可是這些領導者透過啓發別人，而不只是他們自己，最後終於實現了自己滿懷熱情所追求的目標。

熱情

領導者的複習清單

實踐／活動

- 熱愛工作

對現在這份工作，你看重的是工作本身，還是它的收入呢？如果答案不是「工作」，你最好趕快重新評估這份工作和職位，必要時，離開它。

- 保持創新

讓你的熱情「不合理」地挑戰自己和員工。

- 將個人熱情與全球化合一

在企業工作，每個人都有自己的熱情。你要利用企業使命，肯定並拓展員工的熱情。

- 練習兼容並蓄

聚焦不等於一廂情願。

・結果導向

鎖定結果，而非即將面對的過程。

4 績效　成果騙不了人

長期競爭優勢只有一個，卓越的執行力。

——**勞爾・策山（Raul Cesan），先靈堡雅大藥廠前總裁兼營運長**

當約拿丹和我攀登藍嶺山脈（Blue Ridge Mountains）時，他告訴我關於傳奇性禪宗高僧奧修（Osho Joshu）的精彩故事。我們聊起這個故事的同時，正走在高險的山林小徑中，還自忖當天除了談論績效的概念外，啥事也不幹，真的是很難想像的經驗。面對寶貴的時間，我們能夠單純地放空自己，在不受干擾的情況下，把一個想法弄清楚，這本身就是種非凡的體驗。

在奧修的故事中，有位年輕和尚正準備在禪寺裡度過第一個晚上。焦慮不安的他看著其他和尚有條不紊、老練、篤定，全都各自忙著處理種種事務，自己卻完全弄不清楚接著要做什麼，只好向資深的奧修求助。「你吃晚飯了沒？」奧修問他。年輕和尚回答，「吃過了。」「那麼把你的碗洗乾淨吧。」當下，在那個簡單的回答中，年輕和尚發覺自己開始明瞭在禪寺裡是怎麼一回事。他領悟到，我們的工作就是做好每一刻該做的：當下就是一切。活在當下。

這個故事令我思緒翻騰。因爲當時的我也正面臨總裁職務即將結束之際。奧修要年輕和尚去洗碗的故事點出，一次做好一件事的簡易道理，就把那件事做得既專業又完善，完成後再著手下一項活動。當我反省長達十五年而如今接近尾聲的工作生涯時，我開始從奧修的觀點考量整個情況。我一一回想過去十五年當中所完成的工作和解決的難題。我的腦海中浮現了辦公室的各種場景，我看見牆上展示了公司的最佳成果，包括各種偉大的點子、轟動一時的宣傳活動，以及讓客戶產品的業績衝高，超過大家預期的廣告文案。我也知道，諸如許多時候，**當我們如期完成一件平庸無奇的事情時**，客戶的感謝狀並不在牆上。我在開玩笑嗎？沒錯！但是，很多時候，我們艱苦奮戰不正是爲了避免出現那樣的信嗎？

你可曾注意到，現代人正任由無關緊要的事輕易主導一切？接聽電話，接收電子郵件，傳眞，開會，全變成了我們每天主要處理的事務。「多能工」（multitasking）的價值觀已經深植我們的內心，我們也因此欺騙自己，相信整天窮於應付瑣事的同時，自己的創作靈感依然完好無損。當我們允許自己把時間完全投入平日的例行公事，我們只是苟活，卻不大可能有眞正的績效。績效需要專心一意。績效需要在某一專長領域眞正有表現，需要驚人的專注能力和焦點。眞正了不起且重要的工作需要時間，也必須投入大量精力。

因此奧修教導我們領導的奧妙之處。在期望人們同時做五十件事情的文化中，要懂得一次做好一件事的價值是需要不斷練習的。這種能力的報償是，重新獲得均衡、卓越，還有最重要的，焦點。如果你平日的工作中沒有焦點，你什麼也看不見。大腦不是一套同時執行數個程式的操作系統。當它以一次處理一個清楚的想法時，表現最靈敏。而且，如果我們不是全神貫注於一個想法，它很可能靈光乍現後就無疾而終。我們的企業文化中對科技的狂熱，常令我們相信，人腦大可當成另一項科技般操作。事實上，人腦是很特殊的，而且當它被當成人般認眞對待時，才會有最出色的表現。

約拿丹說——

禪宗有句諺語：「指月之指。」（A finger pointing to the moon.）手指代表教誨，月亮才是真實本身。禪師說，弟子經常誤把手指當月亮。唯有透過全心致力於當下時刻，才能在下一刻無所掛慮。禪是一種非常簡單的修練。禪師說：吃的時候吃，睡的時候睡，打掃的時候打掃。然而，要培養自己思考敏銳到只對眼前發生的一切迅速反應，其實並不像聽起來那麼容易……那是一項永無休止的修練。

焦點

除非你覺得所做的事情達到A+，否則絕不罷手。

領導者跟任何人一樣，時間和精力都有限。因此，一個人的績效是近乎完美或差強人意，差別就在如何運用這些寶貴資源。我發現，當你以達到A+爲目標時，一些無關緊要的事情自然消散不見。會出現問題，大都因爲你擁有一張列出「當務之急」（Most Important Now）工作清單，其中卻不乏重要性不高的瑣事，導致清單變得很長，人們在你辦公室外面排隊等候，電話也響個不停時，你應該試著提醒自己分辨「當務之急」。然後，「授權、授權」的樂聲將自然響起。你應該試著把此時此刻的精湛演出想成是一項終生成就。我根據長期經驗，整理出五項有助於聚焦的作法，我在生涯歷程的績效也與這份簡短清單息息相關。

一、工作沒有做到A＋絕不罷休

你做任何事情，甚至是小事一樁，都要像個藝術家。你對品質的堅持，長期下來將爲你、團隊及公司掙得聲譽與利潤。要瞭解，任何蓋上你個人印記的工作，直接反映出你這個人，呈現出你的人格特質和天性。正如我的廣告公司同僚和職員聽了十五年的一句話：「如果它不是最好的，不要做，不要改，更不必提出來。」你自己最清楚知道什麼是你眞正最好的作品，不要因爲覬覦主管對A＋的獎賞而欺騙你自己。

二、每天重謄工作清單

每天的精力應該集中在當下的焦點，才能有新的績效表現。你應該很清楚擺在你面前的工作，並且聚焦於今天務必完成的重要事項。別讓一項工作擱在清單上太久，否則將減低它的重要性。重謄工作清單時，不要光是照抄一遍，而是重新思考它。逐一檢查所有項目，就像是第一次看到它們。爲舊問題思考新的解決辦法，尋求更直接的解決之道。藉由自問「你的競爭對手會怎麼做？」讓自己集中注意力。

三、在特定時間察看訊息

安排每天或隔天的特定時間，處理自己的電子郵件、語音信箱、傳眞、信函、申請文件。如果有信得過的人，不妨請他幫忙過濾所有訊息，剔除垃圾郵件，並將其餘訊息按重要順序排列。確實遵守你所訂的察看時間，時間一到就停。否則，你會被持續不斷的干擾搞得一事無成。聚焦意味著一次做一件事，並且用心將它做好。

四、閉門謝客

就像爲那些想見你的人或你想見的人安排時間，你也應該給自己安排時間，使自己能全神貫注在手邊的工作上。放一個「會議中」的牌子在門上，然後開始工作。如果你讓自己在苦思一個策略性問題的當頭，被一通電話或任何事情打斷，那麼雙方的工作效率都會受到影響。你如果能在工作時全神貫注且不受打擾，也將驚嘆自己因平靜所產生的績效。

五、樂在工作並限制開會次數

做有益的工作。眞正參與解決某個問題，每天學些新東西，並且努力以眞誠方式建立人際關係。如果你不喜歡一項工作，長期下來要有好表現幾乎不可能。相反的，出色的績效則會帶給你工作上的快樂。偉大的表演者都說，當他們完全融入表演活動，渾然忘我之際，確實能感覺到時間靜止。盡可能經常達到這種渾然忘我的境界。它是最迷人之處。另外，算算看你每週開了多少無關緊要的會議，又浪費掉多少寶貴的「專注」時間？想辦法限制開會次數，以免因此虛耗掉你的時間。

奧修禪師有他的道理，你能不能感覺幸福（sense of well-being），其實與你能否一次專心做好一件事有關。一旦養成這種習慣，每件工作都能對你產生正面意義。有意義的日子串連起來，你就活出一個富有意義的人生，而非一場糟糕的無期徒刑。

創業精神

像經營自己公司般做你的工作。

先靈堡雅公司（Schering-Plough Corporation）前總裁兼營運長勞爾・策山，精通在大型組織內部維持創業精神。他鼓勵每位員工像經營自己公司般從事各自的領域或工作。他的結論是，你絕不希望自己創辦的公司關門大吉。策山逼部屬改變市場，改變遊戲方式，也親身示範教導部屬怎麼做。當公司推出抗過敏藥克拉瑞汀（Claritin），並且預估第一年銷售額達五億美元時，他退回這個案子，因爲他知道這個突破性藥品能有更好的成績。他這麼做所要傳達的訊息是什麼？他眞正的期待又是什麼呢？他的回答是，「你要在員工使公司成長時獎賞他們。」他是個一心想做大事、大冒險、大回收的人。他透過培養這種勇於冒險的行爲，大大地鼓舞了部屬的企圖心。策山是名副其實的「績效先生」（Mr. Performance），同樣是克拉瑞汀的行銷案，他再次開闢醫藥產業的新天地，促使先靈公司推出首次直接針對使用者的藥品廣告。這項創舉進而協助克拉瑞汀達到百分之五十五的驚人市場占有率，隨後發展成一個三十五億美元的品牌，第一個橫掃市場的處方藥。

在這個小故事中，策山修改預期績效的結果，不僅改變了一項產品上市銷售的表現，也改變了整個製藥產業未來產品上市的銷售形式和預期績效。

標竿評量

每件工作都應該有評量標準，也要接受評量。

策山曾在輔登領導力講座講述七項準則。這些準則是他領導先靈公司時，用來評量公司一切行動的基準。直到今天，大多數準則依然適用。

一、急迫感——如果你的公司覺得事情太難而不做，競爭對手會找到辦法做到。

二、焦點——確定攸關重大的目標，專心一意實現它。

三、創新——我們必須不斷想出又新又好的企業經營方式，以智慧取勝競爭對手。

四、團隊合作——我們必須打破層級體制，分享精力、努力成果，與資源；我們追求的是成功的結局。

五、公開溝通——我們必須確定所有的人都因團隊合作而受益，作法是定期分享想法、洞察力及經驗。

六、責任感——追求任何目標都必須兼具個人的責任感和擁有權。

七、去中央化——官僚體制和行政作業必須維持最少程度。目標是讓事情運作順暢，以利於領導市場。

在策山的績效文化管理哲學和托比塔的績效評估系統（接著將會說明）之間，我們看到兩種可用來鼓勵績效並評量鼓勵效果的方式。簡單說：領導力不僅與想法（觀念）有關，也涉及貫徹執行。

急迫感

搶在競爭對手之前先做。

一百多年來，大都會人壽是一家如假包換的共同保險公司（mutual insurance company)，換言之，它的動作既慢又遲鈍。六年前，當它公開上市，從一家互助性公司轉變成一家上市企業時，投資報酬率只有百分之七。競爭對手的績效則是它的兩倍。托比塔要對抗的是一種「保持現狀」(don't rock the boat) 的傳統。他手邊的證據指出了公司內部普遍自滿的隱憂。在大都會人壽公開上市的前一年，百分之八十六的公司主管績效評量時，不是「優異」(excellent) 就是「佳」(very good)。業界觀察家普遍認爲，這樣的個人評鑑與公司的實際表現其實並不相關也不令人訝異。托比塔也曉得，他必須搖晃這艘船，必須讓部屬回到「前途未卜」的處境。

當托比塔與部屬談論變革時，他體認到只要這百分之八十六的主管認爲，自己的表現還不錯的話，所有忠言都會被當成耳邊風。爲了搖晃這艘船，公司訂出一套新的由橫向和縱向兩方面進行的績效評估系統。你的公司也大可引進使用，我所訓練出的很多企管碩士也如法炮製，而且效果良好。

作法是：首先，主管被要求用救生艇成員排序的方式，爲自己的團隊成員評定等級。如果團隊中有三十人，主管就從一到三十，依每個人的績效價值評定一個等級。其次，每位團隊成員再與同一層級的其他團隊的成員，按五至一的量表接受評量（例如，所有集團副總裁、所有銷售經理進行相互評分)。團隊中只有百分之十的人可以被評為最高的五分;百分之二十的人可以評為四分,百分之五十的人評為三分,其餘百分之二十的人則是二分或一分。如果你的評分是一分,你就該走路。二分則留下察看。這套系統可以看出優劣等級,終止團隊的同質化趨勢。考績「佳」不必然就等於表現良好。

這套系統會在大都會人壽造成一種割喉文化嗎?其實不然。托比塔指出,「在一個像我們這種組織規模、分工複雜的企業,要靠一己之力完成所有事情是不可能的。如果你不能與人合作,讓別人認同支持你的願景,你根本無法實現它。」

這又回到賀賽蘋「好的領導與好的態度有很大關係」的看法。缺乏視角和原則的表現其實是空的,很容易就會轉變成貪婪。如果你需要靠散布假消息或做假帳來賺錢,這本身就是壞到極點的消息。你必須記住托比塔所說的,你無法評量一個人「為什麼」(why)有這樣的表現,你只能評量他「做了什麼」(what)和「怎麼做到」(how)。如果領導者能精確執行績效評量,他就可以輕易看出屬下是否以促進團隊合作的方式達成目標。

好的領導者會以身作則。托比塔和策山如非親身示範他們所想要的績效,想在龐大的組織中成功創造出以績效為基礎的文化,形同緣木求魚。領導者必須既是絕佳的教練,偉大的球員，更是球場上最賣力的球員。

創新

當系統成效不彰時，更換系統。

你可能認爲，換成規模小得多的非營利事業，激勵績效的作法又將有所不同？如果你這麼想就錯了。儘管營利事業和非營利組織在規模、業務領域及組織文化方面不盡相同，可是在追求績效這一點完全一樣。爲了補強有關知名企業的績效故事，約拿丹特別介紹了一位非營利組織領導者的傑出績效故事。他是在《阿什維爾市民報》（*Asheville Citizen-Times*）撰寫「工作創意」專欄時，與這個組織接觸。

這個名爲手工美國（HandMade in America）的組織是有關績效的最佳範例。總部在北卡羅萊納州西部，「手工美國」是一個有十年歷史的民間組織，也是全美公認最富創意且成功的非營利性組織之一。瑞貝卡・安德森（Rebecca Anderson）身兼「手工美國」的經濟開發長、執行長及願景長。她也是該組織的創辦元老。

安德森當初承擔的艱巨挑戰是：設計一套新的經濟發展系統，有效克服這個區域因外國企業的競爭，製造業和服務業的工作機會逐年減少的問題。在丹・雷（Dan Ray）這位長期從事非營利性質城市策略規劃的專家，以及其他人士協助下，安德森瞭解到，光是努力將臨時性工作引進藍嶺地區，並不能解決北卡羅萊納州西部的問題。眞正的解決之道要靠開發豐沛的在地資源。

手工美國因此著眼於利用當地豐富的傳統藝術、手工藝及設計工作人才。這個組織的理念是，吹響號角，鼓吹與眾不同的手工藝達人集團化活動（conglomeration）。手工美國建立該區域的手工藝師傅創業網絡，也與大學合作，協助傳統的手工藝師傅在技藝和企業管理兩方面獲得最好的訓練。安德森的績效遠超過所有利益相關人的預期，也使得二〇〇四年時，手工美國被《價值》雜誌（*Worth*）評選爲全美前二十五家，「花錢換得最大價值」的藝術非營利性組織之一，以及美國文化的最佳代表的殊榮。與同年入選的波士頓交響樂團（Boston Symphony）、甘迺迪表演藝術中心（The John F. Kennedy Center for the Performing Arts）、紐約大都會藝術博物館（New York's Metropolitan Museum of Art）及林肯中心（Lincoln Center）等非營利組織相比，手工美國規模**最小**。它是一個區域發展組織，完全按照策山的創業組織準則運作，結果，它建立了一個幾乎沒有任何官僚體制，年產值達二億美元的產業。

因為先前的成就，安德森如今受聘為捷克和南非等國觀光高層首長的顧問。她的作法是，根據手工美國的成功經驗，追蹤當地的三個關鍵問題：㈠社區中最有價值的部分是什麼？㈡哪些地方你不希望有訪客觀光？㈢你會如何界定你的文化遺產，你希望與觀光客分享其中的哪些部分？

透過這些問題，安德森將人才、傳統和美轉變成地方經濟發展的驅動力。無論哪一種行業，根據這三個問題，都能提供有關績效的重大洞察力。答案中還有獲利之道。

約拿丹的觀點

不要浪費時間於懷疑和恐懼。
把你自己獻給眼前的工作。

——拉爾夫・沃爾多・愛默生

美國哲學家杜威（John Dewey）以教育理論著稱，也是實用主義哲學的重要創立者之一。這個道道地地的美國理論指出，任何事物唯有在現實中確實可行，並且具有「現金價值」（cash value）時才有價值。杜威也說，如果一個想法不具有「現金價值」，你大可置之一旁，並轉而支持其他更有那種價值的想法。杜威顛覆了很多人的思考，因爲他教導人們，想法本身並無高下之分，只有能在實際問題上發揮作用的想法才有價值。績效就是一種有沒有「現金價值」的實踐，而且很容易被評量。

基於這項理由，我認爲我們這一代相當能領會本章所談的修練，要採納作爲己用也不太困難。在這裡，我想強調的是聚焦，因爲少了焦點，其他一切努力都將大打折扣。焦點是績效的核心要素。它就像是烘焙麵包時用的酵母，看似微不足道，但少了它，啥事也不會發生，麵包發不起來。

在訪問西卡羅萊納大學校長巴爾多（John Bardo）時，我也親眼目睹了聚焦的作用。我注意到他的會議桌上有張每日工作時程表。當天所有時段都是滿格狀態。當我們訪談超過了預定時間，安排日程的人員進來提醒校長，有一項會議正在等他。巴爾多禮貌地對他點點頭，但並未因此打亂談話節奏。當他準備談他想強調的論點時，那位助理又進來了，而且堅持校長必須開始下一個行程。巴爾多在不分心的情況下，如他所願地說完自己的論點，起身與我握手，鄭重表達謝意，就好像他擁有全世界的時間般從容不迫。這一切都完成時，他才離開。

巴爾多的表現一如傳聞中的描述，這正是他做任何事情全心投入，絕不失焦的作風。這個顯著的個人特質也轉換成西卡羅萊納大學前所未有的優異表現。

當巴爾多初到這所大學，先花了六個月時間走訪北卡羅萊納州，四處拜訪並傾聽各方支持者的意見。他相信，「在宣布你想要做什麼之前，最好先仔細聽聽人們能做什麼。」他從教職員、學生、家長及各界人士普遍聽到的是，他們希望畢業生在家鄉北卡羅萊納州西部獲得第一流、最先進的教育，畢業後能留在當地生根發展，在藍嶺山脈待下來。他們希望當地有一個能支持他們的地方經濟體。

巴爾多將這個目標當作自己的事業般竭盡心力，也實現了各界對他的請求。他在西卡羅萊納大學的十年裡，明顯提升了這所學校的學術水準，開辦一所住宿制大學（Honors College），推動一個希臘裔組織的「卓越計畫」，並且成爲全國楷模。他還爭取設立了九個接受捐贈的教授職位。西卡羅萊納大學也被全國優等生組織（National Merit）選定爲重點贊助大學。錦上添花的是，這所學校如今已有能力斥資一億九千五百萬美元，進行校園全面更新計畫，其中還包括興建新的美術與表演藝術中心、應用科技中心及高齡人口研究中心。截至二〇〇四年，該校的註冊生已經增加到原本預期二〇一二年才會達到的人數。

巴爾多的特質是，對關鍵事情堅持到底。換成別人，可能正徬徨於隨之而來的「重責大任」時，我接觸巴爾多的經驗卻是，他會自得其樂，從鍥而不捨達成任務中獲得喜悅。我在巴爾多身上領會到，父親強調的優異表現與樂在工作之間的關係。在我們的文化中，令人分心的事俯拾皆是，我們也被異化到如果沒有這些瑣事，通常還會想辦法主動干擾自己，好比寫報告時順便察看電子郵件，因爲我們太習慣於那樣的情境了。我發現，要有出色的績效，就必須讓自己排除那些做過就忘、但又讓人分心的事。績效說穿了，就是持續專注於將界定我們爲「A＋」績效成就者的那項工作。

如果我們不利用工作時間做些眞心想做的事，就錯失了跳脫家庭和周遭，向更廣大的世界具體創造自己價值觀和人格特質，實踐個人意志的最佳機會。羅丹（Auguste Rodin）花了三十七年的時間，完成他的規模浩繁的鉅作「地獄之門」（*Gates of Hell*），顯然不太有效率。但是，在那段期間，他磨練自己的技藝臻於完美，練習新技巧，失敗，回頭再工作，並且建立一系列最終各自發展出獨立鉅作的雕塑形象。我們的下一個工作專案也許不怎麼偉大，但是它可以是一扇爲我們而開的門。一扇向世界敞開，展示我們如假包換、眞正績效的門。

績效

領導者的複習清單

實踐／活動

- 焦點

除非你覺得所做的事情達到A＋，否則絕不罷手。

- 創業精神

像經營自己公司般做你的工作。

- 標竿評量

每件工作都應該有評量標準，也要接受評量。

- 急迫感

搶在競爭對手之前先做。

- 創新

當系統成效不彰時，更換系統。

5 堅持

把「不」留在今天

世上沒有可與堅持匹敵的東西。才華不能；最常見的莫過於才華洋溢但不成功的人。天才不能；天才被埋沒也是司空見慣。教育不能；因爲到處都是受過教育的凡人。堅持加上決心，所向無敵。

——前美國總統凱文・柯立芝（Calvin Coolidge）

今天的主題是「堅持」，約拿丹希望從他在阿什維爾的家，健行幾個小時到一個名爲卡塔盧奇的地方。我們沿著北卡羅萊納州的山谷小徑往上爬。這裡也是當年一千多名蘇格蘭、愛爾蘭移民爲了追求更好的生活的家園所在。我們就走在那批一切必須自給自足的先民足跡上。他們必須自己烤麵包，餵養家畜，種小麥玉米，造磨坊水車磨麵粉和玉米粉。千萬別小看他們，對我這種不小心還會忘記買牛奶和取回乾洗衣物回家的城市佬而言，根本無法相信但又佩服到不行的是，這些先民居然還自己做衣服、蠟燭和工具。面對他們的韌性，我們眞的可以把「生存農業」(subsistence farming)，改稱爲「堅持農業」(persistence farming)。

當我們走出山谷，進入山中已經有百年歷史的「小卡塔盧奇步道」時，約拿丹引導我經過一道長達幾百碼的石牆。當初砌牆用的石頭並沒有用沙漿黏在一起，只靠勤奮的雙手謹愼小心地築出這麼一片牆。這絕對需要無法想像的高度專注、安靜，加上持續不中斷的注意力。不過，也因爲先民是這麼的努力，這些石牆就像一個拼圖玩具，每一塊都與另一塊嵌合得天衣無縫，並且屹立至今天。約拿丹將手放在一片形狀特別但布滿青苔的石頭上說，「想想看，他們找到這塊石頭前，可能必須試過多少不適合的石頭？」我笑了。這令我想起那些我欣賞的工作成果，哪一件不是不計代價、追求完美的結果。當你做到這一點時，你很清楚自己已經竭盡所能地解決今天的問題。

一道親手以石塊砌成的牆，一間卓越的大學或優異的市警局，一個偉大的企業，這些成就需要投下的心力絕對超過你我想像。它絕對會讓你突破個人侷限，成就比個人更偉大的目標。

當我們走在步道上，約拿丹問到我的堅持的故事時，我的手就跟著約拿丹的手，緩緩地在石頭上滑過，感受石縫間長出的青苔和綠草。他鼓勵我把自己的故事說出來，以免我們拿太多別人的例子來說教。比較公平的作法是，作者自己也現身說法。於是當我們漫步在先民開拓的小徑上，一種截然不同於過去互動的經驗中，我說了自己的故事。

我的故事

我從五歲起，就出現口吃的毛病。開始上學後，聽懂老師的問話不是問題，問題在於回答老師，因爲我那時口吃已十分嚴重。當我就讀猶太教舊約神學院（Yeshiva Torah Vodaath）所辦的小學時，口吃的問題又更嚴重。母親帶我遍訪所有她能找到的語言治療診所。那些醫師告訴她，最最重要的是，我必須換學校。家父強烈反對我離開那所神學院，不過母親回答說，當我讀完小六就無條件地轉學。如果家父還堅持，那麼她不惜離婚。就這樣，十六歲那年我轉入公立學校，口吃的問題有比較減輕，但是也沒有根治。

那時我念的是布魯克林男子高中。高一時，我是班上的總務、校刊主編，還是榮譽學會主席。畢業那一年，我擔任畢業紀念冊主編，畢業生致辭代表，而且還是一支表現傑出、多元族群棒球隊中的投手。我的表現處處過人一等。當然，我還是憂慮自己口吃的毛病，但是這段時間，我本身也出現一些奇妙的轉變。也許要歸功母親持續帶我做語言治療（每次要搭兩趟公車，一段火車），也許是她爲了教我打棒球，自己下場學棒球，也許是我親眼看到她如何在鋼琴方面無師自通。直到今天，我都還記得她「桑德，心想事成啊！」的告誡。我看到她從不放棄對我的努力，還有她始終準備好要全力以赴。我被說服，一個人最最重要的事情就是，堅定地相信「心想事成」（It Can Be Done）。

高中畢業後，一連串巧合讓我憑著棒球獎學金的資格進入俄亥俄州立大學（但是在春訓時，我就被踢出校隊）。然而，我可是如假包換的俄大學生。踏在玉米田埂上，這可是一個從布魯克林區長大的小鬼最不敢做的夢。我幾乎像朝聖者到了一個新的國度，在那裡學工藝美術教育，讀書，打棒球，混兄弟會，交女友，踢足球，還參加軍樂隊。對五〇年代的我而言，沒有比俄亥俄州更美好的地方。這所學校給我的遠遠超過我能回報它的。

接著是軍旅和一連串職場新鮮人的摸索。其中值得一提的是，一九六四年，羅伯・甘迺迪（Robert Kennedy）競選參議員時，我曾擔任他在族群事務方面的撰稿人。接下來，我踏入製藥產業，在一家名爲 Lederle Laboratories 的公司擔任公關人員。這家公司當時是美國氰氨公司（American Cyanamid）的子公司，如今則併入惠氏藥廠（Wyeth）。當時我利用晚間和週末，在費爾利迪金森大學（Fairleigh Dickinson University）進修企管碩士學位。我以全班前百分之五的優異成績取得學位。不是因爲我比別人聰明，而是因爲我比同學花更多時間也更用功。母親當年在我心中播下一枚火種，讓我立志要在所作所爲各方面表現突出，我也不斷在這把火上添柴加溫，要求自己的明天一定要比今天更好。七〇年代的費爾利迪金森大學有個傳統，企管碩士班成績最好的學生可以獲聘爲講師。儘管想到每週要在大講堂公開授課就會心裡發毛，可是我還是做到了。我熱愛教學，發現它能在知識方面幫助我領先同事一步，收穫也超過自己的預期。直到今天，這份教職都還持續沒有中斷。

我在 Lederle Laboratories 工作了十八年，負責行銷近二十種產品，也涉獵製藥產業的各種行銷技能。不過升遷過程並不順遂，只能說聊勝於無。當我可望當上行銷副總裁時，更上一層樓的機會更是屢屢與我擦肩而過。我只有更加努力一途。最後，當一個許多同仁都認爲非我莫屬的重要職務出缺，結果卻還是落空，而且上面也沒有做任何解釋時，我對這家自己曾經投下熱血、汗水和靈魂的企業，真的是理想破滅心灰意冷。當人力仲介的電話一來，提供一家在紐約市的廣告公司的新工作機會時，我馬上接受邀請，與 Lederle Laboratories 說再見。

幾年後，我意外接到一通 Lederle Laboratories 高層的電話，邀請我共進午餐。由於他曾帶過我，因此我勉爲其難地答應了。那是一個酷寒的耶誕節前夕，我們在紐約市南略區一家餐廳見面。那天非常冷。我們坐下來，聊了什麼現在已經忘光光。我只記得他突然身子往前傾，一副要吐露祕密的模樣：「桑德，我請你來是爲了要告訴你，我得了前列腺癌，診斷結果也不樂觀，但是有些事情我必須讓你知道。你錯失那個重要職位的原因是，公司的高層認爲，口吃意味著一個人有精神上的毛病，他認爲你會造成公司形象的困擾，當時全場沒有人有勇氣駁斥他，我也是其中一員。」聽到這話的我，彷彿被人用大鐵鎚在胸口狠狠一擊。

我記得自己在酷寒中走出餐廳，渾身發抖，眼前一片茫然，但是我還是硬撐著不讓自己倒下來。當雪花開始飄落，這個回憶中不愉快的部分也隨之消逝，不再是什麼大不了的事了。我很高興以前的老闆能夠減輕他良心上的不安，也很慶幸這個悲慘的故事對他的打擊更勝於我。回頭，我看看那間餐廳高高掛在屋簷下的「鴻福」(Hong Luck) 招牌，忍不住放聲大笑起來。因爲我剛剛聽到一個最齷齪的事。一個如果早幾年知道，會令我痛苦得生不如死的故事。可是當下，我只覺得自己的運氣還眞不錯。我的幸運在於，自己已經知道無論情況怎麼惡劣都要堅持下去的祕訣。

說這個故事，目的不在於強調人都有不如意的時候，而是我們應該如何面對困境。我們是把它變成一個不努力的藉口，還是一個挑戰？耶誕節前夕的南略區「鴻福」餐廳事件，如今已經相隔十九年了。回頭看，我意識到這個經驗對我產生多大的幫助。它促使我成爲積極爭取口吃者權益的人，絕不容許社會對口吃者污名化。

轉換跑道後，我有了重新開始的新家。我被任命爲貝克廣告公司的執行長。它當時還是一家頗受業界推崇、只是看來似乎有點走下坡的英資企業（如今則是法資企業）。資方希望我能讓它轉虧爲盈。可是無論仲介或我當時都沒有被告知，這個看似有點衰的公司，當時正要失去它最大的三家客戶，分別是默克藥廠、輝瑞藥廠和桑德士（如今的諾華集團〔Novartis〕）。等到我走馬上任時，這三家客戶已經離開，也帶走公司六成的收入。整間公司只剩下三十名員工，以及一家還像樣的客戶。這個情況實在有夠糟。我嘗試用正面思考，既然公司已經這麼慘了，我的努力如果不成功，大概也不會有人注意到。很幸運地，我們成功了。

我打從心底相信，能將偉大與平庸區隔開，非堅持莫屬。堅持是一種很單純，把困難看成自己非挺過去不可的能力。一般人遇到困難時，正常反應是躊躇不前，或找理由放棄。我的字典中則沒有「撒手」這個詞。那不是一個選項。領導者要做到堅持，就必須訓練自己不去拒絕。無論情況多棘手，也得多做幾次深呼吸，把眼睛盯在下次可以贏的機會上面。更重要的，領導者必須願意工作不懈，超越個人的侷限，直到任務完成爲止。眞正的領導者不會給自己任何藉口，或因爲碰到困難而怪罪他人。眞正的領導者不會因爲手上已經有一堆難題，還給自己多加一個「不愉快」的重擔。他們只會評估情勢與作法，採取行動。

輔登領導力講座所邀請的領導菁英都同意，堅持是無論外在環境如何險惡，仍能努力不懈，靈活應變，朝渴望達到的目標前進的能力。我的公司的口號就是：**即使今天被拒絕，仍要爲明天的被接受而奮鬥，奮戰到你得到它爲止。**

超越限度

無論你怎麼看自己的極限，都要將它們拋在腦後，超越它們。

本章開頭引用柯立芝總統有關堅持的名言。許多主管辦公室裡都可以看到這句名言被裱框起來，高高懸掛在牆上。可是，實踐堅持其實是另一回事。約拿丹與我曾花了些時間，討論沙菲爾的一生事蹟與這句名言的對照。當你詢問沙菲爾是如何做到那些成就時，他會告訴你，靠著如鋼鐵般意志的堅持。「我自願做任何別人不想做的事情，好比需要花比較長時間來做，或需要晚上與週末加班，或做起來毫無樂趣的工作，我都樂意去做。」沙菲爾努力扮演自願者的原因是，他相信，你要發揮影響力，首先必須人在賽局當中。「你必須願意不計代價，做任何目標在於贏的事。」他告訴我們，領導者如果想成功，他就不能瞻前顧後。

有幾位研究生想研究沙菲爾的人生哲學。他們很好奇，沙菲爾年輕時就展現這種堅持的特質，是否與他過人的自信心有關。他們也很想知道，那是否是一種與生俱來的天賦呢？沙菲爾想了足足一分鐘後回答：「也許只是有一種不計代價、做該做的事情的渴望，自信心則是隨著行動而來。」

沙菲爾這席不在講稿中的回答令滿座靜默無語。事實上，沒有人在剛開始時不會害怕，尤其是當他還年輕，有個想法在心中蠢蠢欲動，老闆又徵詢全場有沒有人要表示意見的情況。如果你知道自己的想法才是對的，可是說出來卻形同與老闆唱反調，或與主流思考背道而馳時，你該怎麼辦？這一刻，驅策你舉手發言的，並不是你的自信心，而是想到明天、後天，往後每一天，你都要面對鏡子裡的自己時，你就必須實話實說。

既然堅持是由理念而非自我所策動。這就引出你如何讓領導技能更精熟、更持久的門道。首先，你必須對自己的想法深信不疑。當你開始堅定不移時，這個信念的價值便開始顯露出來，其他人也將受影響而開始相信。

波普康告訴我們，當別人批評她提出的消費者趨勢大錯特錯時，她再怎麼不服，還是堅持要求自己目光正視對方。在她的描述裡，那是一種很孤寂的處境：

在八〇年代末期，沒有人注意到女性消費者、懷舊風或想走出俱樂部解放壓抑心情等趨勢。當我告訴喜來登飯店（Sheraton Hotel）的管理階層，提醒他們考慮在拉斯維加斯的旅館開發家庭客層時，他們哄堂大笑；當我向可口可樂（Coca-Cola）公司說明，瓶裝水將成爲年輕人選擇的飲料，公司應該推出瓶裝水產品時，他們眼神充滿「可口可樂要是聽你的就完蛋了」的輕蔑。可是我堅持不懈，而且證明了這些趨勢的眞實性。這不是自大，我很清楚自己的方法是對的。我的工作就是讓客户看得更遠，而非只在眼前打轉。可是，如果你必須將龐大如鐵達尼號般的企業在沈船前掉頭，幹掉傳報噩耗的信使其實是很正常的事。對我而言，堅持需要有膽識，持續做你知道是對的事情。但是我必須說，習慣成爲曠野中吶喊的聲音，絕不是件容易的事情。

堅持絕非一種與生俱來的素質；它是生活形勢所造成的。就像沙菲爾所說，當情勢出現變化時，你必須已經準備好，立即加入賽局，並且堅定不移，發揮影響力。堅持有點像頑固的偏執，一種除非事情做對了，你不會善罷干休的意識。

重要的是，你要清楚，許多領導者是被職務主動找上門，而非自己去尋找職務。因爲當人們察覺到他們的理想性格和有爲有守，自然就會把工作託付給他們。

VIASYS健康照護執行長舒曼告訴我，人要開始成爲領導者，很可能是在他被放進某種特殊情境，而他的一些堅持特質又能發揮作用時。如果缺少這類必須不斷掙扎、才能達成目標的情境，其實並無法看出當事人是否有堅持的能力。

持續專注於正面成果

困難與挑戰都是生活的一部分。不屈不撓，從認眞專注中得到解決方案。

要說明一個人在艱苦時期，透過學習果敢行動來熬過難關，九一一事件期間的紐約市消防局長馮・埃森絕對是個好例子。馮・埃森有著討人喜歡的誠實態度，即使素昧平生，他也能很快地告訴你，他在大一被當的經驗，隨後話題又很快轉到他會當消防隊員，純粹因爲需要一份工作，又沒有其他專長，而且覺得還能應付這份工作的體能要求。

他沒有說的是，當他讀大學和研究所時，他已經在紐約市消防局工作。就在這段期間，他也以前所未有，更開放、更有建設性的方式領導消防人員工會。九一一事件發生前六年，他已經不著痕跡地利用局長職務推動許多創新業務。這些輝煌事蹟雖然他自己不說，可是全都有紀錄可查，而且業界耳熟能詳。每個成就都是靠他堅持而來。

暢銷推薦

以從經濟學得到答案
經濟學如何影響現代生活
兩秒間》等暢銷作品的來源

推薦

林明仁 台灣大學經濟學系副教授
陳致遠 誼遠控股體系董事長
廖鎮漢 微風廣場執行常務董事
詹偉雄 學學文創志業副董事長
劉維公 東吳大學社會學系副教授

趣不會出現在課堂上或難解的方程式中，而是出現在眞實世界
)年代開始，經濟學家羅伯．法蘭克就開始要求他的學生針對
生活見的奇聞異事提出問題，並用經濟學名詞加以解釋，文章裡不
下術語，你要想像自己是跟一堂經濟學都沒上過的親友對話。其
最論文就是讓這種人也看得懂，也很少用到任何數學或圖表。

的問，以及讓人瞠目結舌的答案，顯示出經濟學原理確實在你我日常
活中運《經濟自然學》展現出經濟學原理如何爲這些千奇百怪的問題提
答案何硬幣的人頭像多爲側面，而紙鈔則是正面肖像？爲何有些汽車
油口設左側，另一些在右側？爲什麼冰箱通常只有冷藏室設有燈泡，而
凍庫裡沒有？爲什麼男裝襯衣的鈕釘於衣服右邊，而女裝則釘在左邊？
這一切看似經濟學風馬牛不相及，但在作者的經濟學利刀下，萬事萬物都
可以此剖開，出箇中玄機，透過經濟學鮮活原理，在日常生活中尋解出一
些有趣的謎團。

者
伯．法蘭克（Robert H. Frank）
國加州大學柏克萊分校經濟學博士，現任康乃爾大學Johnson管理研究所經
學教授。他自一九八〇年代開始就主張，將經濟學回復到它立足於觀察和
驗、根植於消費者、勞工、投資人、企業家的日常生活的社會科學。

300元

福利社的魔力留言板

日本版的「大學生了沒」
一名熱誠感人福利社職員與一群無厘頭的大學生組成的有趣校園記事

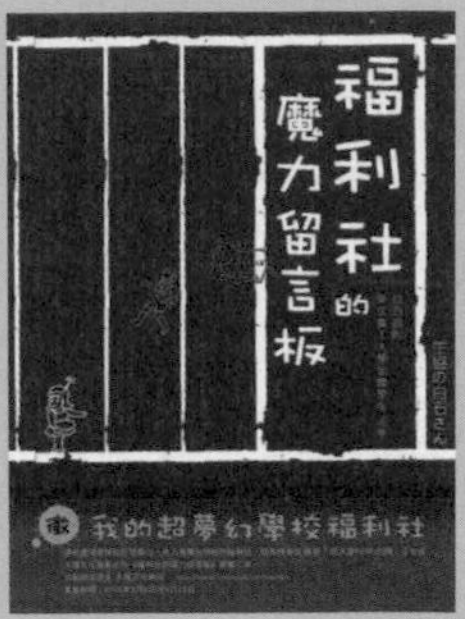

日本東京農工大學的「生協」（類似台灣學校裡的福利社）設有留言卡，是爲了能夠讓學生和教職員等這些「生協會員們」，自由的將自己的需求寫給生協知道的專用問卷用紙。通常一天之內就有好幾張類似「希望能夠賣〇〇！」「希望學校餐廳能有這道菜！」這樣的留言，而生協職員也都會一一的確認閱覽之後，親筆予以回覆並張貼在公佈欄上。原本是很平常的消費互動，卻因爲出現了一位不平凡的生協職員 —— 白石先生後，一切就導向不可收拾的歡樂場面。

本來只是想幫助農工大學生們買到自己想要物品的的白石先生，現在在全日本已經擁有許多粉絲了。因爲農工大的學生將白石先生的「著名回覆」在網路上公開，之後報章雜誌、以及電視節目也都爭相報導，白石先生的粉絲就也就因此日漸增加了。「眞希望我們學校的生協也有這號人物！」、「我好欣賞他的人品喔！」、「因爲白石先生的療癒，我終於克服了艱困的工作。」——支持白石先生的人如此說道。

白石先生在網路上仍是一名「謎樣的生協職員」。雖然大多數的農工大學生都已經知道白石先生的身分，也知道白石先生已成爲網路話題人物，但是因爲並沒有人知道白石先生的眞面目——包括性別在內，所以每個人依然可以享受自由想像出自己心目中的白石先生的樂趣。

作者

白石昌則與日本東京農工大學的學生

白石昌則是東京農工大學福利社的職員，他的工作內容包括了旅遊相關諮詢或書籍販賣等各式各樣的工作，回覆留言只是其中一項工作而已。但他回覆留言時既幽默又溫暖的態度在網路上公開之後，報章雜誌以及電視節目也都爭相報導，白石先生也成爲知名人士。

定價250元

領導學散步

適用於從管理峰層…
一起走出來的領導學…

聯名推薦

黑…

人們應該有一起…學到別人所擁有…自己的天賦。每個…視角、經驗和風格。…導者之間最爲明顯。當…目標時，他們的作法可能南轅北轍，甚至連預期的…

可是，他們之間還是有許多共通處，並且超乎大多數…這個交集可是需要一段探索之旅。在桑德和約拿丹這對…交集確實是用兩條腿走出來的收穫。這對父子爲了找尋…導素質，展開一段高度知性的對話。整整6個月的時間，…一座山嶺，踩過海邊的沙灘，並在都市大街與州際公路來來…了100英里。這本書是兩位作者辛苦跋涉下的嶄新發現。他們…導的修練，絕對是每個領導者或渴望成爲領導者的人必須鍛鍊的…

作者

桑德·佛隆姆（**Sander A. Flaum**）：醫療保健產業行銷專家，…療保健產業年度風雲人物。目前擔任佛隆姆伙伴企業執行長。

約拿丹·佛隆姆（**Jonathon A. Flaum**）：領導力教練與演講稿撰稿人。他是WriteMind顧問公司創辦人暨執行長，專門處理公共傳播和組織活動。

蜜雪兒·佛隆姆（**Mechele Flaum**）：行銷之火(Marketing Fire)創意行銷顧問公司創辦人。

定價300元

他告訴輔登領導力講座的學生，九一一事件後一段日子，每天想的只是早晨起床，一步一步地竭盡所能把事情做好。那就是堅持不懈，平凡又單純。他是這麼說的：

> 當時的我該怎麼做呢？辭職不幹嗎？我開始每天嘻嘻哈哈，讓自己不要心情低落，無法思考。紐約市長對我說，「我從不知道你原來是這麼風趣的人。」我回答他：「這麼說吧，過去我絕不會想開你玩笑，因爲我很擔心你把我換掉。如今啊，你根本找不到人來接這個位子，我當然也就原形畢露了。」市長聽了又是一陣開懷大笑。在九一一事件前，消防局長是個熱得讓人眼紅的職務。九一一發生後，這個工作瞬間冷到不行。你必須穩住自己，告訴自己，那些人是已經同甘共苦三十二年的兄弟，你必須撐下去。

如果你是（或希望成爲）類似馮・埃森般的領導者，你就必須果敢前行。這也是爲什麼本書所談的九個修練，都是需要實做而非光靠理解的觀念。它們必須是一套每天身體力行的信念準則。就像達賴喇嘛所開示，約拿丹經常引用的，每個人生來都被賦予大好機會，讓人從自己的生活中發揮獨有的天賦。更重要的，堅持讓善念與善行之間有了區別。每個人都可以有副好心腸，但是必須堅持把事情完成，對得起所有利害關係人，才能贏得自己與同儕的尊敬。

在生物科技、製藥和基因體學等快速合流的產業中，千年製藥公司（Millennium Pharmaceuticals）資深副總裁亞瑟・希勒（Arthur Hiller），可以說是最富有創意的領導者之一。由於這個產業的速度節奏越來越快，他在這堂課上特別強調有勇氣堅持和面對失敗，面對逆境時也不怕重新來過的必要性。

在希勒的演講和幻燈片中，他向輔登的學生提到一位查爾斯・史溫道爾（Charles Swindoll）先生。他是《生活的靈感》（*Inspiration for Living*）的作者，還主持一個每日的廣播談話性節目。史溫道爾對堅持的看法非常精彩，讓希勒心悅誠服，還身體力行：

> 活得越久，我越能瞭解態度對人生的影響力。對我而言，態度比事實更重要。它也比你的過去、教育、金錢，或別人怎麼想、怎麼說、怎麼做都還重要。它也比你的外表、天賦、技能重要。態度能左右企業……教會……家庭的興榮衰敗。最特

別的是，我們每天都有機會選擇用何種態度擁抱這一天。過去的事情不可能改變……我們也不能改變別人要以什麼方式行動。我們更不能改變無可避免之事。我們唯一能做的就是，演奏我們的心弦，也就是我們的態度。

堅持看來簡單，做起來卻是困難無比。就像希勒所說，無論情況如何，最重要的活動就是你的腦中怎麼想。只有你能決定是要放手不管還是堅持下去。你今天成功的機會也許不高，但是還有明天、下一週或下個月。只要你願意忍受被拒絕的不舒服與痛苦，恐懼與孤獨，以及任何要你喊停、踩煞車的狀態，你就還有希望。當你的理智第一次要你放棄時，你可能很難抗拒。可是如果你能不理會它，待會再試試看，又試試看，你將開始創造一種新的習慣，一段新的歷史，以及你個人的新故事。關鍵就是從小事做起。

每當我感覺自己已經受不了時，我就想想葛倫參議員。當他以七十七歲高齡企圖重返太空時，大多數人認爲他在開玩笑，可是他其實是很認眞的。終其一生，他已經培養出一種堅持的習慣。對他而言，打破年齡障礙就像當年打破音速障礙般，他不能接受「做不到」這個答案。他必須應付許多告訴他不能這麼做的人，這裡面包括媒體、太空總署、朋友、國會同儕、家人，甚至從紐約到洛杉磯，拿這個話題在年齡文化上作文章的喜劇演員。但是葛倫仍然突破層層障礙，第二度重返太空。

約拿丹提醒我，那正是葛倫，白種男性，無瑕疵的海軍陸戰隊記錄，傑出的試飛員，前太空人，參議員，一個公認盡善盡美的美國大英雄。人類能做到的，他就能做到。他有那樣的條件。約拿丹是在我們沿著卡塔盧奇步道一路往上走時談到這一點。我雖然與他爭辯（你知道的，在堅持與頑固之間還是有條分界線），最後還是承認他言之有理。不過，在營利或非營利事業高層主管的世界裡，撇開音速障礙和年齡障礙不談，我覺得除了膚色歧視外，還眞的沒有其他更大的障礙。

約拿丹說——

達賴喇嘛說：「活出良善、榮耀的人生。這樣當你年老回顧過去時，才能得到第二次的生活喜樂。」所謂好心有好報，不是不報，而是時機未到。回憶可以是種喜樂，也可能是種折磨，而我們今天的選擇會決定我們擁有舒適自在或嘲諷難堪的心境。我們只有堅持做，才能實實在在地學到尊敬和高舉個人特質。堅持這麼做，也許感覺很困難，但是每一分力氣都將點滴在心頭。

這讓我想到曾經教過的一位企管碩士生，賽拉・溫雷（Sola Winley）的故事。約拿丹也和他有很長的對話，建議將他列爲另類領導者的典範。

爲追求卓越而奮鬥

做到「夠好了」很容易，也很容易被打敗。所以，不做到A＋，絕不輕易鬆手。

溫雷的學習動機有多強？當他三十四歲時，已經擁有企管、社會工作（MSW）和運動行銷等好幾個碩士學位。他是非裔美國人，成長於單親家庭，有一籮筐惡劣的發展條件，卻沒有被環境所打倒。我認識他，是在他生涯中非常有趣的轉型期間。當時他已經爲美國足球大聯盟從事行銷工作達七年，表現突出，不斷被晉升，也賺了不少錢。可是，九一一事件發生後，他的世界就像大多數美國人般，徹底變了樣。他決定要做些更有意義、更眞實的事情，因此注意到非營利組織的世界。

但是在討論這一段之前，先提一個他的小故事，好讓你瞭解，我們是如何從師生關係變成朋友關係。當時，他來上我的課，我給了他B＋的成績。結果他回我一封讀起來彷彿正式公文書的電子郵件，內容大意是，他無法接受我給的成績，並巨細靡遺地描述了自己上課的情形，說得也很中肯。我回應時也挑戰他，如果他眞的那麼在意成績，是否願意做些額外的功課。結果，他在一週內完成，交出一份我所教過學生中最令人印象深刻的作業。他的成績理所當然變成A。當溫雷以全班第一名畢業時，他送我一本迄今都很珍惜的書。那是希臘哲學家埃皮克提圖（Epictetus）的語錄。他在「**爲了你好，從小事開始自我實踐；而且就從小事開始卓越**」這段引述上，還特別畫線強調。溫雷眞的是胸懷大志。他教導我許多關於堅持是什麼，還有他爲什麼要在每堂課上表現最佳的道理。

溫雷經過一段時間的心靈探索，決定應徵聖克里斯多福公司（St. Christopher's Inc.）。那是一家著眼維繫家庭價值、進行相關服務的公司。它成立於一八八一年，公司設在紐約市，贊助醫療服務、托兒、工作訓練、親職教育課程等，所有你能想像與家庭有關的活動。有趣的是，看了履歷表後，聖克里斯多福的執行長都希望溫雷三思，不要輕易離開現有的工作。不過溫雷很堅持，他自動減掉鉅額薪資，開始上班。

聖克里斯多福的執行長給溫雷一項任務，要求他設法創立一些全新的事業。溫雷欣然接受這項挑戰，腦中開始構思成立一所領導與變革研究所，一個針對非營利事業領域

10550

台北市南京東路四段25號11樓

大塊文化出版股份有限公司　收

地址：
市　鄉／鎮　路　段　巷　弄　號　樓
縣　市／區　街

（請寫郵遞區號）

廣　告　回　信
台灣北區郵政管理局登記證
北台字第10227號

大塊 LOCUS 文化 **讀者服務卡**

謝謝您購買本書！

如果您願意收到大塊最新書訊及特惠電子報：

一 請直接上大塊網站 **locus**publishing.com 加入會員，免去郵寄的麻煩！

一 如果您不方便上網，請填寫下表，亦可不定期收到大塊書訊及特價優惠！
請郵寄或傳真 +886-2-2545-3927。

一 如果您已是大塊會員，除了變更會員資料外，即不需回函。

一 讀者服務專線：0800-322220；email: locus@locuspublishing.com

姓名：＿＿＿＿＿＿＿＿＿＿＿＿ **性別**：□男　□女

出生日期：＿＿＿年＿＿＿月＿＿＿日　**聯絡電話**：＿＿＿＿＿＿＿＿

E-mail：＿＿＿＿＿＿＿＿＿＿＿＿＿＿＿＿＿＿

您所購買的書名：＿＿＿＿＿＿＿＿＿＿＿＿＿＿＿

從何處得知本書：1.□書店 2.□網路 3.□大塊電子報 4.□報紙 5.□雜誌
6.□電視 7.□他人推薦 8.□廣播 9.□其他

您對本書的評價：

(請填代號 1.非常滿意 2.滿意 3.普通 4.不滿意 5.非常不滿意)

書名＿＿＿ 內容＿＿＿ 封面設計＿＿＿ 版面編排＿＿＿ 紙張質感＿＿＿

對我們的建議：＿＿＿＿＿＿＿＿＿＿＿＿＿＿＿＿＿＿

有色人種的主管養成機構。溫雷很謙虛，認爲是天時地利人和讓他成功。可是如果你像我們父子般看到整個過程的細節，那絕對是靠過人的堅持力才做到的。僅僅兩年時間，溫雷把想法變成實際的課程。上面給他很大的自由，任憑他設計整個機構的結構、營運計畫、使命、願景。他也獨力完成這一切，而且新成立的機構也運作得非常好。

領導與變革研究所每梯次訓練十五位非營利事業主管。受訓時間十週。學員大都是非裔、拉丁裔美國人，其中四成是女性。研究所的上課地點，溫雷特別爭取在美林集團（Merrill Lynch）的全球總部。他這麼做是有實務與象徵的雙重意義。「當我們在全球最大的金融集團開會，而它的執行長正好又是非裔美人時，這對學員當然是一大衝擊。我們不刻意強調這一點。但是我們很清楚這麼做所產生的效果。如果史坦利・歐尼爾（Stanley O'Neal）可以當到組織的頭頭，我們的學員有朝一日當然也能在他的非營利組織中嶄露頭角。這就是我們要傳達的訊息。」

一方面，領導與變革研究所正面迎戰有色人種升遷上的障礙，堅持今天的現狀不等於未來的結果。溫雷和他的團隊同時也處理有色人種經理人常有的偏見，認爲升遷決定總是帶有種族歧視。溫雷說，「其實，風險並非來自組織傳統上排斥有色人種，而是上層主管放不放心所用的人。有色人種要爭取到組織中的權力，必須在他的位子上待得更久，需要更多元、多層級的導師，還必須投下百分之百的時間，以及百分之一百一十的努力。」

溫雷很清楚，顚覆刻板印象的不二法門就是實踐堅持。他的學員想要更上一層樓的動機很清楚，他們眞正面臨的挑戰是，深化自己的堅持力，因此這個機構要求學員接受更完整的訓練，把有色人種在職場的處境看得更清楚，從各種角度看清楚政治、經濟的現實。他要做的不是激化或淡化這些問題，而是以很實際的態度面對和處理它們。溫雷相信，「領導力是不分膚色的，那也是我們必須達到的境界。只問一個領導者的特質與能力。」領導與變革研究所致力於開發與培養有色人種領導者的自我期許，使他們因爲表現太好，以至於上級不晉升，還會招來群情激憤。

法蘭西絲・賀賽蘋與溫雷有共同的經驗。作爲由管理大師彼得・杜拉克所成立的彼得杜拉克基金會董事長，她經常被要求分享對領導與性別的看法。賀賽蘋是領導高手。她很清楚企業日益重視領導內涵的變化。誠如杜拉克常說：「專注任務，而非性別。」她堅信領導是「不分性別的」。如果加上溫雷所說領導是「無關膚色」，我們可以獲得一個對領導者的新定義。只要一個人能應用自己作爲人的責任，誰都可以擔任領導者。一九九九年秋天，賀賽蘋在《領導人》期刊中發表〈專注任務〉（Focus on the Task）一文：

> 領導團隊在性別、種族、文化及背景等方面的多元化，強化也豐富了現代組織。但這絕非我們作爲女性領導者可以想做什麼就做什麼的理由。使命界定了我們應該要做什麼，那與性別毫無關係。

與賀賽蘋談話，就好像面對希臘古城德爾菲的神諭（Oracle of Delphi）。你感覺自己所說的話都被認眞聆聽，而她會挑戰你，讓你把注意力持續集中在改進自己的領導實務。

鍥而不捨

勝利一如失敗，會成爲一種習慣。想像你成功的景象，設法讓它成爲事實。

四十三歲、充滿活力的瑞奇是ACS公司執行長。這是一家紐約證券交易所註冊的上市公司，經營流程外包，客戶涵蓋奇異公司到社會安全局等機構。値得一提的是，他可是從二十九歲起就主持這家公司的大政方針。他讓公司從零開始，十四年間成爲營業額四十億美元的組織。他告訴我們一個難忘的故事。那是有關他如何學會問自己正確的問題，如何懂得鍥而不捨以獲取成功的故事。約拿丹很喜歡這個故事，因為那正好發生在一堂哲學課上。

當瑞奇還是密西根大學新鮮人時，他的哲學教授第一天上課走進教室後，坐下來，在講桌上擺了一個大型燒杯，旁邊擺了一個袋子。接下來，他從袋子裡拿了些大約半個拳頭大的石頭，放滿整個燒杯後問學生，「燒杯滿了嗎？」大多數學生說「滿了」。這位老師從講桌下面又拿出另一個袋子，打開，倒出一手掌的碎石子，裝進燒杯裡。這次燒杯看起來像是滿了。他再問學生同樣的問題。這一次，你大概猜得到，只有少數學生說看起來好像滿了。不過，當全班學生的興趣被挑逗起來，很想看看教授究竟要變什麼把戲時，他又從講桌下方拿出另一個袋子，這次裡面裝的是沙子。他接著從外套口袋掏出一個小杓子，開始將沙子舀進燒杯，並且壓實，整個燒杯看起來就像個泥餅。然後他問燒杯滿了嗎？這一次沒有同學敢回答。於是他逕自拿出一個水瓶，倒一些水進燒杯中，再問班上相同的問題。不過這一次是由他主動提出答案：「OK，這一次眞的滿了。現在請各位回答一個問題：我為什麼要這麼做？」

瑞奇回憶說，當時，前排坐了一個成績超優、那種老師問任何問題都可以不假思索回答的學生。他舉起手來解釋，這個實驗說明了無論你多忙碌，只要你做好適當的調配，總是能排進更多的工作。教授聽到這個答案時，大叫一聲「錯」。整個教室頓時陷入一片沈寂。瑞奇當時坐在教室最後一排，原本正打瞌睡的他差點被教授的大吼嚇得跳起來。他在心慌意亂中聽到教授解釋：「這個小實驗的重點是，如果你不先把大石頭放進燒杯裡，接下來它們就一定放不進去。」瑞奇一直記得這個答案，直到今天，他還常拿這個隱喻來開示員工：「記住，大石頭先進去！」

瑞奇也告訴輔登的企管碩士班學生，「如果你知道自己的大目標是什麼，時時專注它們，你就不會選擇放棄。鍥而不捨，到頭來，你熱切地愛上它，而且根本不肯放棄它。」

「同心協力」的創辦人修爾也有他對堅持的看法：

「當我們開始時，正好幾個與拯救飢荒有關的大型活動也在進行，而且使得我們看起來微不足道。像『巨星義助非洲慈善演唱會』（Live Aid）、號召美國歌星援助非洲的群星組合(U.S.A. for Africa)，許多場的搖滾音樂會，『牽手爲美國』(Hands Across America)等，都是高曝光率的活動，而我們似乎被擠到邊緣。可是我們告訴自己，那些活動雖然看起來效果極佳，可是它們絕對撐不過五年。相反的，我們卻可以做到這一點。這個預測也被證實爲眞。因此，那些高曝光率、短期性的活動反而協助我們創造自己的競爭優勢。『巨星義助非洲慈善演唱會』一年募到數千萬美元，可是我們在第一年只募到三萬美元而已。這很容易讓人自問，我也確實這麼自問，我們爲什麼要做這件事呢？重點是，我們瞭解到，在對付飢餓這個最根本的問題，我們是有答案的，而且這麼做可以讓我們變成一個長期堅持不懈的組織，不到問題被解決，不輕言結束。一旦看到這麼燦爛亮麗的組織未來，眼前的工作其實也更清楚。我們必須日復一日地做這份工作，終結全球性的飢餓問題。即使媒體把興趣轉到另一個活動的報導，我們還是要堅持下去。我們知道自己的工作不是爲了減輕問題嚴重性，而是要眞正解決全球的飢餓問題，我們絕不只是設法餵飽飢民而已。如果你希望達成這個目標，就必須做好打一場長期戰爭的心理準備。」

「我很鼓勵年輕人直接投入這份工作。我不認爲你要拿著入場券一個站一個站地蓋章。你只需要找到自己想做的事情，跳進去好好努力。這就是成功之道。因爲你那麼投入，那麼渴望它能成功，對你而言，就只剩下使它成功這個選項了。」

放眼未來，立足當下

由過去中學習，鎖定當下，規劃未來，絕不放棄。

當「常識」說你瘋了，你應該淸楚自己做對了事情。當有人告訴你，這個目標不可能實現，當你必須面對別人不想或不回你的電話時，你大可在心中微微一笑，繼續工作！想想太空航行，或繪製人體基因圖譜吧。或更精彩，想想中東地區的和平發展過程，想想你可以做些什麼來協助解決這些問題？正是這種專注未來的思考，使得在約旦河西岸長大的巴勒斯坦人希沙姆・賈比（Hisham Jabi）、以色列裔美國人，杜拉克學院企管碩士烏瑞・波梅蘭茨（Uri Pomerantz），以及美國猶太人布萊恩・柏克（Bryan Berkett）成為理念一致的事業伙伴。他們共同的口號是：「實踐正義」（justice through pragmatism）。他們的小型信貸公司稱為 Jozoor, Ltd.。

jozoor 在阿拉伯文中是「根」的意思，因爲這三個人希望他們的事業理想能夠觸及中東問題的根源。二〇〇三年時，波梅蘭茨的嬸嬸在一條忙碌的耶路撒冷街上，被恐怖分子無情的子彈射殺身亡。賈比的表姊則在陽台哺乳剛出生十一天的嬰兒時，被以色列軍人的流彈誤殺。柏克的祖父母則是二次大戰德國納粹對猶太人大屠殺的倖存者。他們的痛苦同出一源，但這不構成他們放棄的藉口。那些痛苦成爲共同致力於和平以及追求和解共生這個終極目標的催化劑。

這些人被重大經驗留下的傷疤驅策，致力於一個不成功就不停止的目標。在我們那個年代，人們被教導在做任何事情之前，必須先精打細算，然後才放手進行。我們那一代的格言是：「先存活，再行善。」X世代似乎沒有這種耐心和階級心態（感謝上帝）。

在二〇〇三年五月，Jozoor 贏得史丹福大學社會投資事業計畫競賽大獎。Jozoor 的理念是，提供小額貸款給年齡在二十至二十九歲，居住在鄉下，一般被認爲最有可能成爲恐怖分子的巴勒斯坦年輕人。他們一開始準備提供五十個小額貸款名額，每筆只有八百美元。對於一個有六成人口生活在貧窮線下，每天收入只有兩美元的地區而言，這已經是筆天文數字。有個案例是這樣的：一個巴勒斯坦人種植小黃瓜，可是因爲幾乎每天都有戰事，安全檢查哨越設越多，他的小黃瓜也就無法即時送達市場，只能眼睜睜地任其腐爛。Jozoor 貸款給他，讓他可以在自家農場從事醃製加工，延長保存期限。如今，他可以很方便地將黃瓜運輸到市場，同時讓它們保持在可銷售的狀態。日子雖然還是很艱苦，可是這個人的事業運作良好，而且對未來抱持了一份希望。

對我而言，這個故事有個奇妙的巧合。因為家父一生都在賣醃黃瓜。父親在布魯克林區威廉斯堡經營食品行，黃瓜就醃在一只擺在店裡木質地板上的大桶子裡。九十年後的今天，那個桶子依然還在那裡。我會把這兩件事情進行聯想嗎？當然會。所以，堅持的勇氣是，不知道何謂障礙或邊界。最偉大的爵士鋼琴師艾靈頓公爵（Duke Ellington）曾說，目標是一個有結局的夢想。只要堅持不懈，我們將不只擁有夢想。我們投下自己

約拿丹說——

一九九六年冬、春交接之際，我住在耶路撒冷舊城區。回到美國後，我寫下自己最壯麗的舞台劇：《耶路撒冷之子》(*Jerusalem Son*)。這部舞台劇描述一個以色列士兵與巴勒斯坦女老師生下一子。他必須告訴曾經是大屠殺倖存者的父母這件事。這個故事並沒有快樂圓滿的結局。因為劇中每個角色都不能堅持跳脫自以為是的成見，擺脫成見所形成的憤怒。對我而言，父親在這裡敘述的故事，關於 Jozoor 小額貸款公司，則是企業倫理實踐上最崇高的目標。如果那些年輕人、新科企管碩士真能在以色列這麼做，那麼這個事業也能推廣到世界各地。他們為我們上了極為寶貴的一課：通往和平的道路需要先推開我們最大的恐懼，並以戰士般的堅持，實現我們最大的期望。

一點一滴的力氣，達成自己希望實現的目標，直到結束，即使這個目標可能超過我們一生能實踐的程度，我們仍然在一步一步地進步當中。

約拿丹的觀點

體驗過程是尋找出路的最佳方式。

——佛洛斯特（Robert Frost）

我與泰咪買的第一幢房子有九百平方米，正正方方，並且有空心磚砌的外牆。這個地方最吸引我們的是，建築物的正面貼著河石，而且這些河石大有來歷。當我們家不遠處有片土地要開發成商業區時，我與建築商做了一個交易。他讓我在工人下班後，到工地現場撿拾任何自己可以獨力搬走的石頭。我花了整個春夏季節，把這個地方的石頭撿乾淨，大約推走十噸重，灰、棕、紅或赤褐色的石頭，堆滿卡車的後車廂，運回我家。我仔仔細細地將這些石頭清洗乾淨，然後開始想，如何用它們來布置形狀不規則的院子，還有貼在房子正面的牆上。我是個憑直覺而非按照計畫行事的人。因此我是手上拿到什麼樣的石頭就做什麼。我運回來的石頭也就這樣一一找到最適合的歸處。我最後堆出一個火坑，周邊圍著六張石頭長凳。我也整理出一個枯山水花園，一條石頭小河，一座石橋，還有一張擺在花園前面的巨大長凳。還有石頭階梯，石頭通道，石頭陽台，以及用石頭分隔的花圃。

兩年下來，院子裡的每一塊石頭都被我親手撫摸過好幾回。我親手打造了一個世界。更準確地說，一個世界自然形成了。石頭的形狀決定了它們在這片景觀中的最佳位置。這些石頭讓我服從它們的意願，而不是我安排它們的位置。這是以不同的方式來看待堅持這檔子事。

當父親與我走在卡塔盧奇步道上，讚嘆先人打造那面石牆需要花費多少時間與精力時，我們父子突然心有靈犀一點通。由於那些石頭無論形狀、顏色、重量都各不相同，顯然每塊石頭都清楚自己應該擺在那個位置上。重要的是，你必須堅持聆聽它們，而不是抗拒它們的意願。到頭來，我們其實並沒有成就一個計畫，而是計畫成就了我們，在我們的特質上留下無可磨滅的印記。

我想，這也是我解讀堅持這項領導力時所持的一項不同觀點。西方傳統說，地獄之路是由善念鋪設而成。東方傳統則說，善念只是我們行動的起源而已。我贊成東方的說法。因爲沒有哪個人的權力可以大到凡事心想事成的地步。我也從自己搬得精疲力竭的沈重石頭上領悟到這個道理。有個週末，我有一堆石頭要處理，也一心想造個階梯。可是無論我怎麼挖空心思，這些石頭的體積和形狀就是鋪不出一個斜面。大汗淋漓加上筋疲力竭，我終於領悟到我想做的石梯，其實應該是條石頭鋪成的步道。當我弄清楚這一點，石頭也紛紛找到它們應該在的位置。因此，我得到一條新的石頭步道，以及一個新的領悟。我必須等待，直到正確的石頭出現，這個工作才能完成。這個經驗加上其他數不清的例子教導我：即使我們有很清楚的目標，並不見得就能控制結果。如果我們能的話，生活就不會這麼有趣。

對我而言，堅持是，即使在完全無法預測的情況下，也不放棄。堅持應該是，即使你最初想要一個石梯，接受你需要一條步道。到最後，你仍有一些將你帶往新境界的結果。這個過程中，你讓自己有了更多領悟，懂得靈活因應外在環境，進而達到你的目的。我很同意希勒強調態度的重要性。我也認同史溫道爾與我們分享的那些引述。從我的觀點看，領導力中的堅持並不是固定在吊車上的錘球，只能持續重擊所要拆除的老舊建築。

領導力比較像是一個高科技儀器，能夠時時刻刻預測外界環境，並且爲達到正面成果，不帶偏見或恨意地進行自我調整。類似希勒等領導者，就是精熟堅持的實踐方式，得以具備強大領導力的明證。

當沙菲爾提到「不計代價」，對嬰兒潮世代來說，這是無庸置疑的。因爲他們確實是以那樣的犧牲換取成功。當然，他們也有不得不這麼做的道理。因爲對嬰兒潮世代而言，認眞工作、長時間工作不僅很重要，也是別人考評觀察他們的重點。那是一種做給別人看的思考。老闆必須看到他們早到晚退。X世代看到的是，父母那一輩這麼做所付出的代價（高離婚率、高度壓力、提早退出以換跑道等），因此他們說，這麼做並不值得。

對我這個世代，工作不是爲了換薪水，它必須是全心投入，激勵我們表現自我的時刻。X世代評估成功，不是看花了多少時間在上面，而是能否顧及個人在工作以外的角色？投下去的時間有得到合理的報償嗎？是否還能有足夠的個人時間等指標思考。對嬰兒潮世代的職場人，這些想法絕對是天方夜譚。這不是他們爬到今天這個地位的方式。不過，你甚至可以從出版品中看到深度報導文章，分析X世代一方面希望有工作保障，卻又把個人價值放在工作目標之上。對X世代而言，時間才是稀有的珍貴資源，我們很清楚，一旦我們任由時間逝去，它就永遠不回頭。

在北卡羅萊納州夏洛特市，一位研究職場世代差異的專家坎・馬斯通（Cam Marston）告訴我，「上個世代通常以投入多少工作時間來衡量績效。如果你每週工作五十五至六十小時，那你算是勤奮工作者。X世代與千禧年世代則有不同的看法。他們會看工作時間裡做出什麼表現。他們的態度是，工作**並不**等於生活。因此，他們衡量工作時，更多時候是看完成的工作多寡，而非投下多少時間。」

所以，當兩代對堅持的看法南轅北轍時，如何能有效率地一起工作呢？對許多嬰兒潮世代和傳統派人士而言，看到X世代對職場所持的態度，加上他們步入晚年，更注意自己生涯的新頁時，也體會了個人生活為工作做出那麼多的犧牲，這讓他們開始調整許多事情的優先順序，其中也包含他們如何定義堅持。

還有些人則感覺，他們勤奮工作也獲得應有的報償，因此下一代也應該「不計代價」地這麼走。我則是在這兩個極端之間取中庸之道。

如果我們能瞭解，這兩種態度並沒有簡單的對、錯。每個人其實是被情境現實所影響。如此一來，我們就能專注在個人究竟想要在工作上獲得什麼。如果以我們為了找到對個人最有意義或最喜歡的工作，而嚴格挑選工作競技場的態度來看，我們這一代其實是非常堅持的一代（當然，X世代能這麼奢侈地挑剔工作，強調個人時間和個人價值，因爲他們的總人口數少於嬰兒潮世代。彼此間競爭最好的工作的激烈程度，也不像上一代那麼嚴酷）。可是對雇主而言，誰能提供那種值得的工作環境，絕對就能獲得員工忠誠的回報。

至於溫雷有關領導力無分膚色，賀賽蘋認爲領導力不分性別的訊息嘛！這些看法能夠獲得巨大回響，不僅說明傳統的族群主義和性別歧視的膚淺草率，還因爲這些新訴求直入問題核心，引發爆炸性的效果。這正是堅持最偉大的力量，讓我們看到所有醜陋現實的侷限，因而決心穿越而出。虛僞的大家長主義或種族中心論的領導模式能夠大行其道，過時的刻板印象扮演了很重要的角色。不過，光是認清這一點還不夠。這些訊息還應該被攤在陽光下，讓它們成爲規範。這麼做就需要一個人認識自己所繼承的歷史後，堅持不懈。

堅持
領導者的複習清單

實踐／活動

・超越限度

無論你怎麼看自己的極限，都要將它們拋在腦後，超越它們。

・持續專注於正面成果

困難與挑戰都是生活的一部分。不屈不撓，從認真專注中得到解決方案。

・爲追求卓越而奮鬥

做到「夠好了」很容易，也很容易被打敗。所以，不做到A＋，絕不輕易鬆手。

・鍥而不捨

勝利一如失敗，會成為一種習慣。想像你成功的景象，設法讓它成為事實。

・放眼未來，立足當下

由過去中學習，鎖定當下，規劃未來，絕不放棄。

6 視角 在做當中看清現實

在我看來，做任何事情都不能只靠自己，不論事情大小皆然。

——湯瑪斯・馮・埃森，九一一事件紐約市消防局長

約拿丹和我決定，利用在紐約州北部爬熊山（Bear Mountain）時，談論領導的另一項修練：「視角」。我得坦承自己年輕時很缺乏這方面的修練。回想當年，我必須打贏每一仗，根本分不清哪一仗比較重要，哪一仗無關緊要。如今，情形當然改變很多。年齡有幫助。我的太太蜜雪兒也有幫助。她鼓勵我眼光放遠，並對我有事沒事憑空冒出的最壞情況一笑置之。

在攀登熊山的路上，我想多談談馮・埃森這個人。他是二〇〇一年世貿中心遭受攻擊時的紐約市消防局長。當馮・埃森到輔登領導力講座演講時，他震懾了全場。直到今

天我還聽到學生說，他們的人生因爲那一夜而產生了重大轉變。

當一位服務消防界三十二年，經驗豐富，而且還曾經協助紐約市度過美國史上最慘重的城市災難的老兵對你侃侃而談時，你只有專心聆聽的份。馮・埃森的獨特之處在於，他根本不需要講什麼大道理或小故事。他和他的部屬們眞正經歷過烈火的試煉。他們那麼做並非出於想賺大錢或名垂青史，純粹因爲那就是他們的工作。不需要以體育競賽做比喻，或誇張地比擬爲戰爭。他所擔負的領導工作本身就足以令人敬畏，根本毋須加油添醋。

在課堂上，他的直率和自我解嘲的幽默感具有一種效果，讓學生不由自主地開始自我反省。每個人都更嚴肅、更認眞地看待自己和人生。因爲他，我們當晚都看清楚，偉大的領導來自於不斷的付出。再高的薪水都無法讓人成爲偉大的領導者。領導的動機必須出自內心，出自那最深層、最難以言語描述之處。

演講過程中，一位高材生顯然爲馮・埃森的現身說法所感動，她立即回憶起九一一事件的恐怖慘狀。她想從經歷過那場大火的人口中聽到一些事實眞相。但是馮・埃森完全不爲這些崇拜或濫情的語言影響：「我不知道爲何有人做得到，而有人卻不能的原因。

我不知道這是否跟你的小學老師有關，我也不知道這跟你小五時被人揍過或打過人有沒有關係。我不知道。」他拒絕被賦以英雄的地位。

還有一個學生追問他如何從事後的驚恐情緒中恢復過來。他淡淡地回答好像談論的是一場雨。「談論同僚當時所發生的一些事情，對他們的家屬沒有任何好處。所以你必須強迫自己嚥下那一切，將它鎖在心裡。其中包含最悲慘、無法告訴別人的事情。」當晚離開時，學生無不對領導工作有了截然不同的感受。他們瞭解到，那是世界上最困難的事情之一。

活動

領導的最終報償就在活動本身。

時光飛逝，但聆聽馮・埃森演講那一晚的感觸始終縈繞不去。領導並非絕對「令人愉快」的事情。追根究柢，它涉及到責任、服務、從長計議及反省。做好很難，但也沒有想像的那麼複雜。重要的是，在緊要關頭時，你要明白自己的品格將受到檢驗。擔任領導職務絕非一項輕鬆就能上手的活動。馮・埃森讓人更能瞭解擔任領導角色所涉及的嚴肅性。

大約在馮·埃森到論壇演講一年後，二〇〇四年五月二十四日的《金融時報》（*Financial Times*）上，刊出一篇道格·貝瑞（Doug Barry）所著《給青年CEO的信》（*Wisdom for a Young CEO*）的書摘。這本書是一位來自費城的年輕人寫給全世界頂尖執行長的一百封信及對方回函的概要。

貝瑞並未寫信給我，徵求我對邁向執行長之路的建議；即使問了，我也無法提供他一個集大成的方程式。我能給他和所有未來領導者的建議是，找出你覺得有關聯且非做不可的事情。領導有時是一種沒有選擇的選擇，因爲你的職位讓你有資格激勵和教導其他人，以你的使命爲基礎展開他們的行動。但是這並非憑著一本成功指南就能舒舒服服過的生活。這種生活的報償完全是靠奮鬥而來。

更重要的，如果貝瑞對引領風騷這麼在乎的話，痛苦將是無可避免的。當無法天天成功時，他會感到痛苦。當每天長時間工作，回到家時孩子已經進入夢鄉，他會感到痛苦。因此，說實在話，如果不是眞的非領導不可，我會奉勸貝瑞不要試圖當領導者。所賺到的錢和頭銜實在不值得；人生還有很多重要的事情。我會告訴他，如果覺得這麼做確實是實現內心最深層渴望的唯一方式，才投身領導且努力當上執行長。如果眞想過這樣一種生活，他其實有的是機會，許多年輕領導者也是如此。但是，横在他和新一代眼前的，將是以清新的勇氣和決斷力，找出自己方向的新路。

行動

把視角想成是一個過程，而非目標。

視角並非與生俱來。從沒有人具有絕對正確無誤的視角。創造這個世界偉大智慧傳統的智者教導我們：智慧的開端來自自知之明。我們的思考再淸晰，總是會有盲點。重要的是日復一日磨礪你天生的技能，努力試著以寬廣的視野看事情，並且透過勤奮工作來實踐那樣的意圖。

關於馮・埃森這個人，他最重要的特質是面對悲劇時的堅強和富有幽默感。我們都是人，都有致命的弱點，也都無可避免會受創而崩潰。有視角的領導者淸楚這一點，明白在必要時刻自己的職責就是給自己加油打氣，協助部屬重新振作。當然，如果人們想的不只是領導的光環，還能仔細想想所從事領導的現實情況，他們會再認眞考慮，三思而後行。領導工作並不適合那些將打擊當作憤懣和自怨自艾的理由的人，而是把險惡狀況轉變成改革契機的人。

多年來，我總是把視角想成是最終的報償。「當我年紀更大時就會瞭解這些道理，或當我爲人父時就會瞭解那個說法。」但是，變數始終存在。視角也絕非一成不變。在不同情況下，我們採納和運用知識的視角就不一樣。視角是一項需要操練的活動，而非努力達成的最後目標。瑞奇是ACS的執行長，而且年紀只有四十二歲，他在跟學生談論視角時說：

> 我的視角是——我也認爲這是談到領導時極爲重要的論點——未來是非常不確定的。從過去到現在是如此，往後亦將充滿不確定性。領導的本質在於面對某種不確定時，決定如何做出該做什麼的決定。

他的論點讓我想起睿智的彼得杜拉克基金會主席法蘭西絲・賀賽蘋對視角的說法：

決定我們往哪走的是帆船的航向，而不是風。它可能遇上暴風雨，也可能出一些眞的讓你驚恐萬分的意外狀況，但是你微笑以對，你知道你的目標是什麼，並且不顧艱難險阻繼續前進。風颳起，風停息，只是你的眼睛始終盯著目的地，沒有任何事情嚇阻得了你……如果你不相信這一點，那麼，每次一颳大風，你就想喊停。暴風雨來來去去，如果我們清楚自己航向何處，那根本不構成問題。

暴風雨來襲時刻，人的本能反應是停頓，心志動搖，並延遲做決定直到取得更多資訊。但是更常見的情況是，你根本沒有時間那麼做。而且，雖然暫停一下讓自己保持頭腦清醒是個不錯的想法，你還是不能停止前進。

約拿丹——

我認為看待視角，可以將它想成：好比一只陶罐從架子上摔落……當它被黏回原狀時，照樣可以用來裝水，但你我永遠記得它上面的裂痕。

搞清楚狀況

培養對你周遭情況以及做出反應的警覺性。

領導者所面臨的處境有時確實十分棘手。一般工作場所最常看到的是，人們陷於「滅火」的恐慌中，卻未試圖根除問題的根源。我們常會做出過於激烈的反應，而不探究問題的由來。我們只想找到最簡單的答案，卻不問該問的問題。瑞奇對這種情況有個一針見血的高見：

> 我們假設的前提是，除非這些假設錯誤，否則戰場上的士兵總是對的，後方的將軍總是錯的。同理，在還沒有反證之前，你大可認定現場人員都是對的。問題是，特別是在大企業，你通常會看到公司裡有一群人在事後大肆批評第一線所做的決定。他們專放馬後炮。

搞清楚狀況的目的是，培養出一種應付種種狀況時，發自內心、不慌不亂而且自信的感覺。那不代表驕傲自大或漠不關心，而是不管外在戰鬥怎麼激烈，都能表現出成竹在胸的心平氣和，而且具備能看清楚狀況全貌的視角。

最容易失去視角的方式是，待在辦公室裡，渾然不察你的顧客和客戶想要什麼，你的員工又需要什麼。大多數高層主管承認，他們太偏重終日伏案工作，而不常做直接的觀察，聆聽他們的價值鏈伙伴和關係密切的投資人。弄清楚市場的唯一方式，就是擺脫電子郵件、語音信箱及無關緊要的會議，直接投身市場。

這個道理也適用在學習如何協助員工有最佳表現。我稱之為「建立你的內在雷達」。當你底下的績效高手開始表現不如往常時，你必須留意觀察。領導者必須對手邊正在進行的工作有足夠的視角，才能知道什麼時候某人需要一些額外的互動：喝杯咖啡、聊幾分鐘、到外面共進午餐，或瞭解一位重要員工內心想法所需要的一切作法。視角與搞清楚狀況幾乎是相通的。建立內在雷達正是領導者使員工接近並信任他的方法。當人們為他們所信任、也感受到對方關心的人工作時，表現會更好。

誠實

實事求是。偉大的領導者也有人性，但不迴避他們的職責。

當我詢問流行文化趨勢專家、擔任多家「財星」五百大企業顧問、也是輔登領導力講座演講人的費絲·波普康，目前對誰最感興趣時，她的回答是藍領勞工。當我要她指出一位眞心讚賞的領導者時，她說，「我喜歡觀察達賴喇嘛的一舉一動。」美國的勞動階級和一位精神導師。舊時代的價値觀和悲天憫人的情操。這些答案可能不是你預期會聽到的，更何況還是出自一位趨勢專家之口。

不過，從波普康對這些問題的回答可以看出，她看事情的視角其實受到某種超越的、看似與她所預測的消費者趨勢無關的東西影響。她反映出有視角的領導者不只看工作，還能注意到個人的背景。這位領導者所做的是，把種種觀察和她對商業以外的世界的視角整合到她的經驗中。

在演講中，波普康談到她稱爲「透明企業」(the transparent corporation) 的未來趨勢。企業必須以一種非常公開的方式對股東負責。在這種企業中，不只是執行長，所有重要高階主管都要能隨時與員工和投資人對談。這將是一個直接回應過去幾年企業領導責任危機的行動，有點像公共眞相與調解委員會（public truth and reconciliation commission），不斷要求執行長持續負起應盡的責任。

根據波普康的分析，有些事情就明朗了。她其實點出了即將出現的大趨勢。一種由藍領價值觀推動，迫使企業更接近透明運作的趨勢。她接著又指出，同情心（如達賴喇嘛和他對窮人和政治上受壓迫者的關心所象徵的）將影響美國企業界的長期結構。她的觀察強調，這些正面的結果是相互關聯的，彼此之間因此產生關係，進而促使地球成爲一個共同生活的小小世界。因爲能與藍領價值觀緊密契合的，非對受迫害者的關懷莫屬，而能將企業世界組織起來的，當然就是企業領導者。這眞是簡單又重要的視角。

馮・埃森、九一一事件、達賴喇嘛、企業責任的重新定義、對美國藍領勞工的尊敬。這一切都與一個方興未艾的領導視角有關。波普康經常談論的這個視角認爲，獲利並非唯一重要的事情，其他重要考量包括，這裡是一個有同理心的工作場所嗎？一個多元價値的地方嗎？一個不會對地球造成傷害的地方嗎？一個期望我在工作中充分表現個人價値觀和人道精神的地方嗎？簡而言之，這裡是不是一個我會發現到領導者有勇氣，被允許、也有權爲所有相關人員提供人性化工作流程的地方？

均衡

站在能讓自己面對議題正反兩面都站得住腳的位置。

我的生涯發展過程中，企業的辦公室裡幾乎淸一色都是男性，以及文化背景相同的人。辦公室裡沒有人談論個人的需要，也沒有人會說該把家庭擺在工作之前，因爲大家害怕被認爲軟弱，沒有對公司竭盡心力。我們把個人情感藏起來，對領導者唯命是從，

約拿丹——

我特別感興趣的是，知道頂尖的消費者趨勢專家正在追隨世界上最傑出也最沈默寡言的精神領袖。消費者趨勢也能提出比預測人們會買什麼更深層的推論嗎？趨勢可以指出人們當前（或想要）的生活方式，以及一種新的人生態度的發展嗎？在《領導者就是溝通者》（*The Leader as Communicator*）中，羅伯特．麥（Robert Mai）和艾倫．埃可森（Alan Akerson）指出，領導者需要成為「連結者」（linking agents），仔細聆聽，然後轉達消費者或顧客告訴他們的一切。

因爲我們希望受到獎勵，獲得升遷。我們的領導者也不必擔心屬下對一項議題有什麼個人感受，這是風馬牛不相干的兩件事。組織的目標就是，共同爲該事業和公司的發展打拚，而那也正是一切行動之所繫！我們當時唯一的視角是，如果達不到業績或錯失機會，那就得再接再厲，持續向前邁進，無論個人將因此做出多大的犧牲都在所不惜。

我相信，正是這樣的世界使得像約拿丹這樣的人離開職場。他的世代和再下一代都不願意以那種方式度過一生。他們會想要勤奮工作，也想學習，但是，他們更想要一個比較廣闊的結果，不單單是工作方面，還包括個人生活上的滿足。追求這種「需求的滿足」(need fulfillment)，連帶使人對工作場所的認知有更寬廣的視角。

不考慮這個視角的話，到頭來，領導者其實承擔不起罔顧現實的後果。只要公司還想存活，這個視角就必須受到重視。企業必須獲利，否則將令股東和員工失望，也造成他們的損失。我剛出掌廣告公司時列出七項貝克廣告價値觀（Becker Values），其中一條是：我們是爲銷售客戶的產品而存在。我想說得更白一些，我們是服務業，而非謀私利的企業，要是我們忽略這一點，把焦點放在企業內部而非外部，一切都將成空。在我看來，如果客戶下午三點來電，希望隔天上午十點拿到某件作品，我就必須如期交件。我稱它爲「永續客戶」(a client for the long haul) 的視角。

針對均衡的議題，約拿丹與我在熊山登山健行的路上，爆發了我們之間最激烈的一次論戰。他辯稱，我們雖然不能忽略獲利，但也不能把它當成企業界的唯一要務。只拿它來斟酌行動也是不充分的。約拿丹那一代看到父母親毫無選擇，只能讓子女成爲鑰匙兒童。上一代必須一再地在事業和家庭之間做選擇。約拿丹堅持，不應該有人必須做那些選擇。對他而言，所謂均衡必須是兩者兼顧，而非二選一。

我喜歡約拿丹這套兩者兼顧的視角。但是，這個國家之所以偉大，靠的不就是我們的工作倫理嗎?從古至今，哪一項有價值的發明不是拜它之賜?還有，我們千萬別忘記股東。我們以什麼樣的態度爲他們服務呢?我們有爲他們帶來價值嗎?我們產生的價值有超過他們原先的預期，讓他們的投資賺到錢嗎?我們必須爲他們的需要和最大利益著想。我們不能爲自己的舒適自在而犧牲他們投資的安全感。

我承認自己多少開始在說教。我們兩人沈默了片刻，繼續往前走，循著樹幹上的白色刻痕指示，登上阿帕拉契步道 (Appalachian Trail)。約拿丹再次開口時，試圖找出一個中間立場。他說，他沒有要讓辦公室成爲與世隔絕的「草原上的小木屋」(Little House on the Prairie）的意思。他的本意是透過一點小的轉變產生更重大的成果，也就是在關鍵時刻，以一個更圓熟的視角考慮問題。我聽得懂，也眞正聽了進去。約拿丹利用我對聚焦的論點反駁我，提醒我如果做決定理當有一分鐘的時間的話……至少拿三十秒鐘下決心……另外三十秒思考一些視角的問題。

我記得老布希（George Bush, Sr.）有次無意間顯露出，他有別於美國人民的特權身分。他在一九九二年大選期間造訪一家超市，並對結帳櫃台的掃描器流露出困惑和驚異的表情。這個人可是當過中情局長的領導人，但是卻弄不清楚人們如何購買一罐桃子罐頭。如果你對市井小民日復一日如何生活毫無概念，如何能讓他們相信你有領導他們的清楚視角呢？

瑞奇說過，「員工有問題卻不找你時，也就是你失去領導地位的時刻。因爲這反映出，在他們心中，你若非不關心他們，就是幫不上忙。」我們可以確定的是，與世隔絕的狀態是不能產生作爲領導者應有的視角。我們要獲得視角，就必須身歷其境，必須藉由試探其他人的想法和生活來形成自己的視角。

均衡的問題與企圖心無關，而是務實地評估怎麼做才能在工作和家庭之間取得平

觀念交鋒

桑德——

美國年輕勞工對維持工作／生活均衡的堅持，正在威脅美國企業的競爭力，並且引爆全面性企業領導危機。印度和中國的年輕人不談工作／生活均衡，或擔心如何才能有更多時間在家陪伴子女或整理庭院。正如湯瑪斯・佛里曼（Thomas L. Friedman）在《世界是平的》（*The World Is Flat*）一書中指出，這些國家的人民渴望獲得經濟能力，並且極具競爭力。他們正在發展出一種工作倫理，帶領他們快速地更上一層樓，屆時他們就不再只是美國企業的「外包資源」（outsource），而是自己國家主要的「內部資源」（in-source）。

約拿丹——

父親對講求工作／生活均衡，以及那對競爭力的負面影響的擔憂可能經不起考驗。我認為這種二選一的模式低估了我們這一代，甚至還要求美國勞工接受一些不合理的妥協作法。

父親的論點是從全球競爭力這個特定考量出發。威爾契就提倡，「如何讓工作變得刺激有趣，以至於個人生活相對缺乏吸引力。」這套說法認為，談判一宗十億美元的購併案，設計一款最先進的電玩遊戲，都比在子女臨睡前為他們讀《月亮晚安》（*Goodnight Moon*）更具不可抗拒的吸引力。問題是，這其實是一種很荒謬的比較。這些活動分別屬於全然不同的領域。埋頭工作而缺乏足夠時間經營親密關係，也沒有私人時間的話，長期下來將產生負面效果。差別在於，那樣的負面效果可能不會顯現在公司的損益分析上面，而是出現在我們選擇做一個什麼樣的人，以及我們在價值觀上如何做子女的榜樣。

衡。如今，在定義一個好的領導者時，比較少刻板印象與「必要條件」。領導者的條件不僅要看學歷、背景、年齡及人脈關係，也與是否勇於任事和績效導向有關。領導力是不斷向前邁進的力量。如果你的視角還停留在十年前或更早，你的屬下大概早已停止聽你的，你的公司也正在走下坡。搞清楚狀況、搞清楚狀況、搞清楚狀況。

約拿丹的觀點

當天色夠暗，你就看得到星星。

——查理斯・比爾德（Charles A. Beard）

我成長的地方距離熊山不遠。小時候，我經常跟家人一同前往。冬天，我們會去溜冰，如果雪下得夠還玩雪橇。我們在旅遊中心裡喝著熱巧克力，觀賞玻璃櫥窗裡爲節慶設計的電動裝飾。在我的成長過程中，我們家沒有登山或露營等活動習慣，因此對我而言，像熊山這樣的地方只是一個冬季的休閒去處罷了。

到了青少年階段，只要有機會登山健行，熊山是我一年四季都會去的地方。阿帕拉契山步道正好穿越過熊山，更不可思議的是，從喬治亞州到緬因州長達二千一百英里的登山步道，居然就從我家後院經過。我和好友湯姆總是談到要走完整條步道，只是事與願違，我們至今都還未達成這個願望。熊山是我開始思考如何走進寬闊的外面世界，看看我那小角落之外的世界究竟有多大的起點。它也是我第一次露營的地方，並且因此留意到夜晚的星星何等奇妙。它是我的視角萌芽、開展的地方……並且，一旦視角出現了，整個人就再也沒有回頭的可能。

在森林裡，老爸滿懷欽佩地向我談起馮・埃森。要說清楚我對視角這個領導力修練的看法，馮・埃森的故事非常適合，因為第一，一個市府公務員工不可能賺很多錢；其次，馮・埃森所作所為從來不是出於追求奢華安逸的動機。激勵他的是伙伴們的同志情誼，以及超越一己之利，為更重大的目標服務的意願。領導工作並非適合每一個人，只要看五分鐘的美國電視廣告你就會明白，人們想要的是奢華安逸。他們想要輕鬆可得的一切事物。

但是領導並非輕而易舉之事。它是一項艱難的工作。父親也強調，人們必須看清任何因領導而獲得的物質報償，它只是附加的，而非目的所在。對我而言，這個區別至關重要。你必須喜歡工作本身，因爲先有領導的活動，才會有報償。馮・埃森喜歡當消防人員，他也希望爲共事的打火弟兄改善工作環境，這正是他成爲領導者的原因。

當我針對均衡的議題訪問美國知名的世代專家，也是暢銷書《天賦戰爭》（*Winning the Talent Wars*）作者布魯斯・圖根（Bruce Tulgan）時，他告訴我：

> X世代顯然認爲工作與生活應該維持平衡。他們會用心挑選工作或主管，目的是獲得更多對自己工作地點、時間及方式的控制權。他們可以爲了較能掌控地點／時間／方式而放棄金錢和其他獎賞。

這種對均衡的渴望確實符合我和很多朋友的狀況。我的姊姊帕蜜拉（Pamela Weinberg）就是一個很好的例子。她在生小孩之前是一位迅速竄升的高階公關主管。她原本打算生完孩子再回職場工作，卻發生了任何人都無法想像的意外事件。當她試圖體驗在紐約大都會育兒的樂趣與風險時，馬上動手蒐集任何可供參考的資訊。妙就妙在，她幾乎也在第一時間意識到，各式各樣的資訊來源中，根本沒有提供哪裡是購買嬰兒床最佳商店，哪裡可以遇到其他新手媽媽，或找到適合寶寶同行的餐館等訊息。失望嗎？帕蜜拉絕不是這樣的人。她親自出馬並創造這些訊息。她著手蒐集資料，找人合寫了一本《城市寶貝》（*City Baby*）。這本育嬰手冊包含育嬰相關的資訊，以及在大蘋果（Big Apple，譯註：紐約市的綽號）照顧寶寶的各種洞見。這本書已經發行第四版，還出了芝加哥、波士頓及洛杉磯的版本。

帕蜜拉把自己變成新手媽媽顧問。她寫文章，舉辦每週座談，製作電視談話節目，但全都是兼職性質。因爲帕蜜拉知道她不可能「一網打盡」，既有一份全職的工作，又能扮演妻子和母親的角色。於是，她放空自己，找尋一份全新的工作，而那也發展成爲她的終生志業，協助各地新手媽媽走過充滿驚奇且困難重重的育嬰之路。

誠如父親指出，訣竅就在於弄清楚如何才能兼顧「生活」與「事業」。對老爸那一代和嬰兒潮世代而言，兩者之間存在極端明顯的衝突。當我就這方面向圖根請益時，他告訴我最近他在一家大型會計師事務所演講時，一位暑期實習生提到的意見。這位實習生說，「我想做眞正感興趣且有意義的工作，我不在乎工作多辛苦，但是希望能自由支配自己的工作時間。我希望靈感來的時候好好工作……我還需要跟眞正合得來而且夠聰明的人共事……我希望工作的公司名聲要夠顯赫、周遭環境好玩得不得了……在那裡，我每天不斷地學習……」一開始，圖根爲之捧腹大笑。他認爲那小夥子在開玩笑。接著當他環視整個房間，卻發現他是全場唯一發笑的人。

今天的年輕人工作出奇勤奮，努力取得第一流的文憑和證照，面試過程的表現也無懈可擊，並且證明他們確實能有精明幹練的績效。圖根說，在以往，這會是一天二十四小時拚命工作的一群人。他們不計較工作卑微，任勞任怨，頻頻出差直到累垮爲止，而且還會做一切被要求做的事情。他們犧牲個人生活上任何需求，只求能獲得在組織裡升遷的獎賞。但是，那已不再是常態。那樣的日子正在快速消失。

新一代年輕人和他們在世界各地的眾多同儕，正在徹底改造成功之路。他們不打算用舊的方式追求成功，因爲他們無法忍受任勞任怨、一步步往上爬，以及整個人生投入追求一體適用的生涯道路。他們無論如何不願加入工作狂的行列，他們在職場的實力也容許他們抗拒，並且規劃自己的發展方向。「假以時日，這些年輕人就會成熟務實嗎？」圖根明知故問，「別做夢了，不可能的。」

圖根認爲，要領導這群富有創意的勞動者，需要一種他稱爲「熱力管理」（HOT

Management）的有效方法。熱力管理是動手做（hands-on）和交易（transactional）的縮寫命名。他說，「熱力管理的原則是，今天的監督管理必須是『交易式的』，而非層級制度的。它意味著凡事講求以物易物：如果員工想要獲得獎賞，他們就必須有表現。員工的表現越多，得到的獎賞也越多。衡量的標準只有一個，就是高效能（high performance）。這套管理概念也強調主管自己動手做，而不是放手不管。主管要能做到交易式管理，就必須對直屬員工正在進行的工作瞭如指掌。他們必須花大量時間詳盡說明種種期望，釐清標準，並界定目標和期限。他們也必須有要求員工負起責任的膽識。」

這跟父親在生涯發展過程中所處的環境多麼不同啊！權力屬於不可或缺的勞動者，而非雇主。還有，雇主再也不能片面期待勞工適應既定的企業層級體制；他反而要有心理準備，設法調整工作環境使之符合員工的需要。我當然樂見這項轉變，因爲這套管理模式把人擺在第一，官僚體制其次。不過，我並不存有任何幻想，以爲美國企業界已經變得「更仁慈且更和善」，導致這種視角上的轉變。我很清楚，這種轉變純粹是經濟環境改變的緣故。沒錯，不管眞正原因爲何，經濟規律終究會決定態度。

在當今經濟環境中，沒有所謂的長期工作保障這回事，我們可能因此把獎賞與持續不斷的短期績效連結在一起。就某方面而言，這種情況看來會讓年輕一代的專業人員如魚得水，因爲他們可以訂定自己的工作內容和時間。但是換一個角度看，這種情況的風險極高，因爲它不保證任何長期的工作保障。

海倫・凱勒（Helen Keller）曾說，「一個人最可悲的，莫過於擁有視力卻毫無視野（vision）。」這句話很傳神地表達視角對我所代表的意義。視角必須包含同理心，看待別人如同自己一樣都是人。透過撰寫這本書，父親和我已能以一種非常個人的方式做到這點。我可以眞正體會到他爲了追求生涯目標而不得不長時間工作，以及在那過程中錯過許多工作以外事物的痛苦。他也可以瞭解，要我接受一份沒有希望獲得任何保障的工作是多麼困難。我的意思是，努力做出一項接一項的表現，而得不到任何保證。我們越瞭解對方，越能體會彼此的感受，進而超越我們之間的差異，追求一個更崇高的共同目標。視角是一種包容一切而不急於做判斷的能力。那是一項需要大量練習的修練。你永遠不可能止於至善……你的計畫總是會被打亂。因此，我同意父親所說，修練視角的重點就在於「搞清楚狀況、搞清楚狀況、搞清楚狀況」。

最後一點補充。當我撰寫本章時，同時也聽著路易・阿姆斯壯（Louis Armstrong）、艾拉・費茲傑羅（Ella Fitzgerald）對唱一首充滿趣味的經典名曲，歌曲內容是關於對世界看法大不相同的兩個人。聽到阿姆斯壯說 tomato，費茲傑羅則說 tomahto，我不禁大笑。眞不可思議，我們竟然爲某個字如何發音這類事情爭吵。但是我們確實如此。我們不正是經常陷在自己對、對方錯的思考中嗎？發生那種情況時，我的建議是：對你自己的愚昧開懷大笑。少了笑聲，撰寫本書可能就沒那麼有趣。不僅如此，它也可能根本無法開闊我們的視角。人類能有別於其他物種，一個原因就是我們會哈哈大笑。笑本身就存在某種近乎神奇的東西。它讓我們恢復成一種單純天眞的人。捧腹大笑更讓我們沈浸在新的視角中。對老爸和我而言，我們確實是因爲能用笑聲包容彼此南轅北轍的看法，才能避免雙方「玩不下去了」的誘惑。因此，在辦公室，記得開開玩笑。這對你的視角和你的前途都有好處。

視角

領導者的複習清單

實踐／活動

・活動

領導的最終報償就在活動本身。

・行動

把視角想成是一個過程，而非目標。

・搞清楚狀況

培養對你周遭情況以及做出反應的警覺性。

・誠實

實事求是。偉大的領導者也有人性，但不迴避他們的職責。

・均衡

站在能讓自己面對議題正反兩面都站得住腳的位置。

7 偏執

絕不讓球離開你的視線

我們必須表現得好像背後有十個暴怒的魔鬼一直緊追不捨……我們最大的敵人就是自大與自滿。

——**傑夫・布勒斯坦（Jeff Bleustein），哈雷（Harley-Davidson）公司執行長**

領導的成功會帶來成就感，失敗則會傷害領導者、追隨者，並對組織造成災難。

——**唐納・麥克修（Donald E. McHugh），《高爾夫球與領導賽局》（Golf and the Game of Leadership）作者**

在徒步旅行的最後幾天，約拿丹和我選擇在東長島的高爾大球場進行。約拿丹從八歲就斷斷續續打高爾夫球。他雖然不把輸贏當回事……但是比賽時卻像個天生好手。約拿丹就是喜歡到球場打球。他說，自己一直喜愛高爾夫的原因是，這種運動會強迫你在同一時間只專注一件事。你總不能同時擊出兩球吧。約拿丹打高爾夫時，並沒有與誰較勁的念頭，連跟自己比的想法都沒有。

至於我打高爾夫球的故事就截然不同。我直到四十歲才接觸高爾夫，它是一種令我緊張焦慮又打不好的運動。我上過課，看過教學錄影帶，訂購《高爾夫文摘》(*Golf Digest*)，買最時髦的球場會員證，還有一堆各家球場的高爾夫球衫。做了這麼多事情後，我的球技還是很差勁。幾年前，當約拿丹與我到南加州進行一次家族旅行時，他、我的妻子蜜雪兒和我，三個人打了一場高爾夫球。我對自己的揮桿表現窩囊了一整天，即使已經在大熱天下打完十八洞，我還跑到練習場繼續多打幾盤球，目的是矯正我的揮桿。約拿丹和蜜雪兒則回到家中，向大家宣布我可能要晚一點才能趕回來，出席我的生日晚宴。全場無人發問，他們太瞭解我了。

我可能永遠也無法成爲偉大的高爾夫球選手，但是在遴選高手協助創造一個偉大企業方面，可是表現卓越。而我的長處正好也是在高爾夫上面表現貧乏的原因。這一點我一直謹記在心。因爲我無時無刻不在思考事業的各方面表現，還要研究如何改進它的績效，即使看起來一片風和日麗，我也緊盯著任何可能會出錯的訊號。我專注於每件事的運作機制，絕不放手任由事情自然發展。我認為如果任由事情自然發展，它們很快就會無疾而終。或更慘的是，你的客戶、員工、價值鏈的伙伴將發現，還可以投靠其他地方，那些有人專注於滿足他們需求的企業。

我給自己職務的定位是，確保每件事都被照顧到。這是否意味著我以偏執的態度要求事業與我個人都能追求完美呢？我是否牽掛太多，想以一己之力做好每件事情，確保顧客、顧客的顧客、員工、乃至於我本人都能得到正面的結果呢？沒錯！不過，這種對事業的偏執，似乎對我在高爾夫球場的表現沒什麼幫助。問題不在我不想打好高爾夫，

約拿丹說——

當我們在高爾夫球場上，我會鼓勵父親放輕鬆，不要想太多，自然地「揮」桿。但是，他就是不能不去想揮桿的所有步驟，以及如何協調這些動作，好擊出一支直直飛越天空，正落在球道中央的好球。在高爾夫球場上，父親理性地關注那麼多細節，其實是不管用的，結果就是無法瀟灑揮桿讓球適當地飛出去。我則正好相反，我很能融入球的流暢性，卻常忽略了過程中的許多細節。我們可以從彼此身上學到很多。

而是經過四十年的事業訓練後，這可是我唯一熟悉的做事方式。

約拿丹與他那一代並不覺得，像我這樣的偏執（或神經質）有其必要。他們把對工作偏執的態度，看成一種在工作與生活之間尋求平衡的干擾。我們也同意，在這一點上彼此的看法沒有交集。我們在長島的高爾夫球場一起行走的功課，就是理解和學習對方的看法。

根據我成功的心得，我認爲你應該要認清一個道理：無論何時，你的競爭者都在處心積慮地想要挖走你最棒的屬下，掌握你最機密的情報，搶走你的客戶，並針對你的產品進行改善與創新。我的建議是，你應該做最壞的打算，驅策今天的你表現得比昨天更好。不管你是從事哪個行業，教育界、傳統產業或非營利事業，偏執的情緒絕對是種很有價值的特質。偏執這個詞彙給人一種掙扎著往前走的感覺，它的本意也是如此。領導者要維持一種良性的競爭優勢，就必須考慮他的組織情報可能外洩、被偷竊、剽竊、抄襲。我們稱這種態度爲偏執；你當然也可以稱它爲神經質，或「高度緊繃」狀態。怎麼稱呼它其實不重要，只要你能將它深植於組織文化中，作爲對抗自滿的解藥就好了。

聆聽與行動

請大大小小客戶、員工直接給你個人的回饋，發展你的事業情報網絡，絕對不要依賴「部屬所言」。

勞爾・策山眞誠而坦率地告訴我們，當他在先靈堡雅大藥廠時，因爲一時對優良製造規範（GMP）缺乏警覺，結果付出慘痛代價。他在輔登領導力講座上說：

我完全遺漏了！我當時應該邀請外部顧問，每年來說明產業界優良製造規範是否已有提高。在其他方面，我都這麼做了。我有外部的稽核人員與顧問，所有資訊都電腦化，我們大幅領先業界的學習曲線，還請麥肯錫（顧問）每六個月來做一次報告，甚至還買了IBM的最新軟體。我讓各項業務都受到嚴格的檢查與監督，唯獨漏了製造這一環。這是我犯過最重大的錯誤。我沒有遵照雷根總統與俄羅斯人打交道的規則：**信任，但是仔細核對**。

策山解釋，整整十年，先靈藥廠沒有任何製程會有問題的警訊。甚至連食品藥物管理局的稽查人員都是使用先靈藥廠的設備進行訓練。這一點給策山一種錯誤的安全感。製程問題直到最後兩年才浮現。原因是他當初組織一個創新團隊，開發該公司一流的製造設備，而那個團隊的成員從來不曾更換過。這個團隊既沒有向外取經，讓本身實務跟上外界潮流趨勢，也沒有引進足夠的外界人才來挑戰這些設備。結果策山被好好地上了一堂課（他坦承是在震驚中學習），他的公司一度領先群倫的製造設備，如今需要大幅升級。

策山的偏執照顧了各個層面，唯獨忽略了製造這一塊。原因是他認爲製造方面萬無一失。這個教訓是：不可能有萬無一失的地方，所有事物都在不斷地改變，必須跟上趨勢，必須持續地檢查、測試。我們認爲，策山是個偉大的領導模範，因爲他願意承認所犯的錯誤，絲毫不做掩飾。他的教導包含了如何成功與爲什麼犯錯。很多時候，犯錯教導我們的，遠多於成功的經驗。

提高門檻

不要等顧客、客戶、員工或價值鏈中的伙伴開口，主動要求自己，並將成果展現出來，始終保持優勢。

如果我必須在這個領導力的「修練」上貼一張警告的標籤，它的內容應該是：「可能帶來一些無法成眠的夜晚。」但是這麼做還是值得的。對我而言，一個團隊爲了協助顧客產生新的行銷概念，無論花多少時間都是值得的。如果它不是絕對好到震撼人心、必然大賣的話，我不希望顧客看到它。我非常看重自己的聲譽，也從不希望別人說：「那個佛隆姆啊，他的工作品質通常還不錯。」這樣的聲譽只會把你歸類爲泛泛之輩。而你淪爲一般人時，就不可能領導。你必須每次都有超越群倫的表現。客戶需要驚喜，不斷有新產品上市，推出新行銷專案及新的產品概念。

對於偏執，ACS執行長瑞奇的態度是，昨天的成功是明天的標準。他不停地規劃和制訂策略，以提高ACS所提供外包業務流程的難度。這家企業有一個比客戶更有效率的後勤業務服務系統，讓它接手客戶的內部業務時勝任有餘。它的員工能把事情做得更好，因為他們不停地思考。瑞奇說：「這套系統可以應用在人力資源功能、會計業務功能，或是紐約電子收費系統（New York E-ZPass）的功能。好比說，如何收款？如何改善回收率？如何更快地寄發帳單？如何讓金流更順暢？我們為這些問題想破腦袋，經常無法成眠。」

一旦開始躊躇滿志，通常意味著你將退出戰局，如果一直想以一種新而令人驚奇的方式勝出，意味著你仍在戰場上。其實你就算站著不動，都有可能摔跤。你當然必須持續不懈地檢查自己和員工的工作品質。偏執就是這個道理。只在安全海域中航行，絕對不是你的選項。到頭來，人們會感謝你這種警覺性。這麼做當然可能會惹惱許多人，可是長期下來，卻會帶出更佳的戰績和更多的勝利故事。

與恐懼建立良性的關係

找出會令你夜裡失眠的事情，主動解決它。

如果你認為在廣告和外包流程業務上，偏執有它的道理。你最好相信，對科學和技術領域，偏執同樣重要。CorePharma 執行長楊格告訴輔登領導力講座的學生，關於一位他曾經共事九年的百特醫療產品公司同僚的故事。這位先生掌管藥品注射器材事業。

那位老兄有事沒事就爲恐懼所苦。他會想像，醫院有可能像處理氧氣般，在病人床頭裝置一個旋塞，輸送靜脈注射點滴液，那就會徹底取代傳統點滴袋（百特當時每年銷售一百萬個這類點滴袋）。因此，他每年都召集公司的相關人員開會，聽取最優秀的專家報告，業界有誰最接近開發出透過旋塞輸送點滴液的產品。假如那一天來臨，那意味著百特將萎縮成一家價值五億美元的點滴袋大倉庫，而不再是北卡羅萊納州技術頂尖的醫療產品製造商。這位先生始終站在瞭望台上，保護他的事業與資產。

許多企業會自我安慰，公司現有技術至少能領先未來五至十年。他們正站在變革曲線的前沿。突然間，他們出局了。

戴爾電腦（Dell Inc.）則持相反的態度。麥可·戴爾（Michael Dell）無時無刻不與自滿纏鬥。他經營一家能與客戶在網路上交易、又能創造高利潤的事業，這在業界可是鳳毛麟角。每天，戴爾電腦承諾，消費者可以自行設計所需要的電腦規格，然後由它協助組裝製造。這家公司直到今天仍能在競爭中遙遙領先，就是因爲戴爾革命性地改變這個產業。就像出席輔登講座的領導菁英瑞奇所說，戴爾電腦經常推陳出新，不待客戶對它的服務感到厭倦，就將標準提高，滿足客戶期待，還提高了產品的服務門檻，持續不斷地維持本身的優勢。

偏執與一個人在組織內的官階或位置無關。它涉及任何必須辛苦工作和創新的事務，包括創造前所未有的東西，或讓已有的產品變得更好。葛倫參議員告訴我們，有些領導者之所以是領導者，原因是他們比其他人更高瞻遠矚。他們在別人還摸不著頭緒前，已經成爲某些領域的專家。他以愛因斯坦（Albert Einstein）爲例，這個偉大的科學家或許連穿成套的襪子都有問題，可是相對於別人的茫然，他找出探索宇宙的方法。

羅伯特（Jim Roberts）能在競爭中搶先一步，也是因爲他警覺地進行觀察和研究。經由約拿丹的介紹，我發現這個人的故事說明了，即使在高度競爭的區域經濟發展領域，年輕領導者照樣能運用神經質而成功。二十九歲時，羅伯特在北卡羅萊納州夏洛特市成立一家「第一輪」（First Round）公司。這家企業的使命是，爲經過篩選的創業家和創意點子與投資人牽線，協助他們將點子變成有全球競爭力的事業。羅伯特絕不錯過任何一篇出自平面刊物、網路或學術界，關於區域經濟發展的文章或研究。他瞭解事情變化的速度。他也知道在產業界，光是評估正確並不夠，還需要搶得先機。由於羅伯特不只能評估經濟發展趨勢，也能在一個變化毫無預警的環境中敏捷地調整和創新，這些能力讓許多企業在夏洛特市發展起來。他的企業創造了充滿活力的新創公司，反觀州政府卻喪失了數以萬計的製造業工作機會。那些工作機會先是流向墨西哥，繼而移往印度與中國。隨著他在開發民間企業上的重大成功，成爲家喻戶曉的人物後，他跳進一個更特別、解決北卡西部地區發展問題的重大挑戰。幾年下來，他結束了第一輪公司，移居阿什維爾鎮，擔任非營利性質的藍嶺山脈企業委員會（Blue Ridge Entrepreneurial Council, BREC）以及藍嶺天使投資網絡（Blue Ridge Angel Investors Network, BRAIN）的執行長。

如今，三十四歲的羅伯特，工作重心放在教育新創事業家如何發掘金主的問題。在此同時，他爲他們創造了接受輔導和建立網絡的機會；發行一份雙週刊，提供創業家如何維持活力，以及與他們的事業有關的區域和國內新聞；協助夠格的創業家招募資金與準備創業過程。羅伯特協助北卡發展出一套兼容並蓄的經濟體，靠著以偏執出名的個人品牌，確保這個區域充分運用當前最受重視的資產：本地的創意人力和很受歡迎的生活品質。要在一個因製造業工作機會大量流失而受重創、又缺乏民間創業投資基金支持的區域做到這一點，絕對不是一件容易的事。但是，這些挑戰似乎激發羅伯特追求更大的成功。他的使命是，將青澀的才華和能力轉換成在地經濟的基礎建設。他也已在極短時間裡獲致不錯的初步成果。他能成功，一個原則就是，絕不放鬆，以一種接近偏執的態度，保護那些託付給他的資產。

對異常現象保持警覺

如果它看起來很「怪」，代表它可能很重要，必須把它弄清楚。

偏執作爲一種領導力的修練，如果傲慢與自滿是它的敵人，那麼開明與進取就應該是它的朋友。這就回到文化觀察家與趨勢記錄者波普康身上，因爲她經常要求財星五百大企業，張大眼睛，看清楚原本會忽略的事實。

大企業引進波普康與她的智庫公司（BrainReserve）團隊，找出可能令它們失敗的因素。可是在此之前，波普康已經花很長的時間，警告食品業者有關兒童健康的問題。肥胖是美國十大致死原因之一。兒童肥胖不僅瀕於失控，也已經是新聞媒體的頭條新聞。不過在此之前，波普康已經提出這項警訊。她不斷地與消費者和健康專家溝通，閱讀大量健康與醫學期刊，提醒食品業者這些訊息。她警告業者，高糖食品的時代即將過去，業界最好及早因應。少數當時即知即行的業者，如今產品穩定長銷。大多數業者則落得在後頭苦苦追趕。道理很簡單，這個世界眞的有偏執這種幽靈存在。

我發現波普康的工作非常有吸引力，因爲她不時揮舞著旗幟，上面寫著：「請看這裡，看看我們的文化正出現什麼變化。走出你的辦公室，到超級市場、學校、診所、汽車展示場，還有你的消費者消磨時間的場所，貼近現實仔細地看吧。」波普康很清楚，如果她的客戶今天不行動，明天就會被競爭者逆轉形勢。

當波普康還是個小女孩，她常與祖父坐在自家的男性服飾用品店外的路邊，眼睛盯著自家的展示櫥窗。當消費者經過這些櫥窗卻沒有停下腳步欣賞一下，祖父就知道，有些領帶必須重新布置。他也把這些經驗傳授給小孫女。他們一起更換那些領帶，研究怎麼擺效果比較好，或乾脆換搭不同色系的襯衫。然後，他們再坐回原來的位置繼續觀察潛在顧客的反應。波普康告訴輔登講座的學員：「我很小就學到一個重要的行銷法則；重點不在你有什麼，而在你怎麼把它擺出來。當然，擺放位置的效果主要取決於能否預見未來。如果你對明天會出現什麼變化毫無概念，怎麼知道它應該擺在什麼位置？」波普康的責任就是，確定她的客戶對未來變化有份偏執。她會把他們帶到路邊，坐下來一起觀察那些顧客或潛在顧客經過自家店面時的反應。

波普康的方法非常開放。趨勢就是趨勢。她不會強行製造趨勢。她的貢獻在於她不怕注意、調查那些徵兆，提供新的視角。她告訴我們：

> 大多數人一見到詭異的事情，往往嗤之以鼻（說）：「這有夠怪。」只因爲與自己的認知不合，他們就不想花心力去弄清楚。可是這是錯的。當你注意到一些「詭異」的事情時，記錄它、檢查它、讓它在你腦海中翻轉千百遍吧。因爲它點出一些正在醞釀、足以改變你的生活與經營事業方式的趨勢。

波普康讓企業瞭解到，在許多事情，尤其是女性消費者上面，他們不僅不清楚，而且還不夠偏執。波普康經常挑戰美國企業，要求它們面對這批美國最具實力的消費決策者時，不要只是口惠而實不至。企業常說它們很在乎這群消費者，其實根本不是那麼回事。到頭來，女性消費者運用朋友、批評網站、部落格等其他管道，查證品牌可信度，而這確實讓企業大爲驚訝。今天的商場上，可信度最低的幾乎都是製造商。如果你是一個有競爭力、可靠的商品製造商，這個現象絕對能令你疑神疑鬼，保持偏執。不過，你更需要專注於持續升高的批評上面。

波普康是那種會讓我們的偏執感活躍的人。她會引述研究，預測趨勢，讓人看到龐大且持續變遷的全球市場中，變化的規模與幅度。在這個市場，人們用錢投票，而且這種選舉活動每天都在進行。結果是有些企業屹立不搖，而那些原本不把競爭當回事的同業，則是身影逐漸黯淡，甚至消失無蹤。

留心後防

事無大小都須留意，因爲錯誤沒發生前，根本無從判斷哪一件會是「大事」，哪一件是「小」事。

偏執狂這種領導力是，無論做什麼事都全力以赴。一個很好的例子是，曾經擔任過戰機飛行員，目前是VIASYS健康照護執行長的舒曼。他就把戰鬥與領導力相提並論：

就我而言，最棒的戰鬥機飛行員必然是能在千鈞一髮之際，處理大量湧入資訊的人。這裡面包含空速、攻擊角度、敵人位置、地面炮火從何而來、引擎狀態、剩餘燃料程度等。在時速六百英里的狀態下處理上千種訊息，還要瞬間做出決策，採取行動。在我的觀察中，這也是最佳領導者所能做到的極限了。

這些捍衛戰士必須弄清楚每一件事，而且必須越快越好，同時還要加上觀察、計算、警覺，以及比對手更多一分的偏執。你可能會說，一般人碰不到這些飛行員看到、聽到的事。不過，作為戰鬥機飛行員，舒曼其實學到一套被稱為「通過OODA環」的技能。美國空軍曾進行過一項研究，目的是瞭解為何有些飛行員能達到戰鬥機飛行員的要求，其他人則做不到。研究發現，關鍵就在OODA環，以及飛行員能通過這個環路所需時間。OODA環是㈠觀察（observe），㈡掌握情勢（orient），㈢決定（decide），㈣行動（act）等四種能力的縮寫。在第一階段，飛行員必須快速評估情勢。在第二階段，他必須極盡所能完全掌握情勢，以備必要時比敵人更早搶得先機。在第三階段，他必須能比對手更快做出更佳的決策。到第四階段，他必須準備好，毫不遲疑地展開行動。事實上，整個過程是在你以時速六百英里翱翔天際時完成，所有事情的發生就在一眨眼之間，相當於顧客走過你家店門，而貴公司能打出王牌商品吸引他的時間。

你或許會問，爲什麼要將戰鬥機飛行員的高度警覺，與企業、政府、非營利事業領袖的正面偏執相提並論？戰鬥機飛行員又爲何如此偏執？畢竟，他正處於如果不先動手，就會被對方擊落的狀態。重點就在這裡。領導者並非特別偏執，他只是很淸楚要贏需要多大的努力罷了。

有些領導者乾脆稱**偏執**爲「競爭優勢」（competitive advantage）。舒曼對學員們說，儘管傳統上企業競爭被看成一場棋局，可是到今天，更正確的比喩應該是一場近距離空戰。他以我很熟悉的全球市場爲例，說明這個正趨向商品壽命越來越短、贏家通吃的市場。他說：「你必須盯著競爭者，把他看成敵人，而且不是你先幹掉他，就是被他幹掉。你要在這樣的市場存活下來，就得打贏一場又一場近距離空戰。」本節標題「留意後防」，其實還太輕描淡寫呢。

無論是舒曼所謂「ＯＯＤＡ環」領導者或我所稱的偏執領導者，強調的是相同的看法：領導者會觀察競爭狀態，發展出搶先一步的策略。領導者知道顧客的需求，並且持續努力超前外界的期待，而非及時滿足那些期待。領導者會努力聘雇他信任的人，好讓決策權能下放到基層。這種權力讓員工能找出競爭上的弱點防患於未然，並以培養領導力作爲基業長青的一種方式。

根據這個分析，要成爲一個領導者，你必須時時領先競爭。你要在今天的世界做到這一點，就必須充分掌握最即時的最重要訊息。近距離空戰是不容許任何些微差錯的。如果你稍一分神，整個情況就可能失控。你就會落得在後面苦苦追趕的局面。光是這一點，就值得你保持偏執。

約拿丹的觀點

讓我們不要憤怒地回頭，充滿恐懼地前行，而是對周遭保持警醒。

——詹姆士・賽伯（James Thurber）

我們看事情，常常從我們認爲它是什麼，而非它原本是什麼的角度出發。

——阿奈斯・寧（Anaïs Nin）

所有領導力中，偏執令我最不舒服。人很容易落入偏執的狀態。換言之，它其實是我們不需要太努力培養就能形成的一種特質。商界有時會用「競爭優勢」、「我們的彈藥存量」、「戰情室」、「敵意購併」等戰爭術語，而聽到這些話令我如坐針氈。

年輕一代有不同的工作方式，靠的是警醒，而非偏執。我認爲偏執會帶來不良的副作用，因此能免則免。老一輩很精通這種特質，也忍受著它的副作用和後果所帶來的痛苦：例如，一種經常性的輕度緊繃和反射性的直覺反應，已經成爲那一代具有工作倫理和擔當的同義詞。

當父親承認，我們必須發展出一種與恐懼共存的良性關係時，他其實點出一個非常重要的事情。我只想就這一點做適度修正，討論我們工作時應該如何面對恐懼。與其時時刻刻努力控制，我主張接受恐懼。這一章的許多例子都談到，我們與恐懼的關係是將未來看成是充滿種種潛在問題，然後將恐懼投射到未來可能發生的事件上面，一旦事情眞的發生，就能事先察覺並做好戰鬥準備。然而，我們似乎忘了，如果事先做好研究和行動，同樣能針對現實環境中的變化球做好準備。我們相信偏執能預防不可測事件的發生，可是這通常是一種幻覺。偏執有時可能奏效。可是如果原本沒事，偏執會剝奪我們全心享受光陰的樂趣。當問題出現，我們態度又很偏執時，我們其實必須同時處理兩方面的問題：我們因偏執導致的緊張，以及實際的問題本身。

偏執意味著在現實上加裝特定的濾光鏡。那種即使晴空萬里無雲的天氣，看來都是烏雲籠罩的濾鏡。我並非建議改用玫瑰色調的濾鏡看現實。我只是認爲，單純地保持警醒，充分認識所在環境，盡心盡力做事，才是最好的對策。要做到這一點，必須心情平靜而且全神貫注。我們可以把遭逢工作上的問題看成一種轉變，而不是非出手擊毀它不可。在現實中，要預先排除潛在的災難，寧靜警醒的效果可能不下於偏執，可是很少人說警醒的副作用大過偏執。

我的太極拳老師柯洛雷（Shifu Derek Croley）曾在中國一段時間專門研究這門功夫。他要求學生持續專注於培養「創意心態」而非「競爭心態」。太極拳脫胎於中國，專注動與靜的道家哲學。這種緩慢的舞步，天鵝般的動作，會促進平衡，有助於冥想。這種藝術由來已久，也被當成是遭遇攻擊時的防身術。整套拳的概念是，以對方敵意（失去平衡）的能量反制他們。因此，當你被攻擊而不反擊，只是改變攻擊者力道的方向，那股力量就會倒過來對付他自己。

我們藉著兩人對打所做的練習，被稱爲「推手」練習。學生必須閉上眼睛，面對面站立，彼此雙手輕微接觸。理想中是要體驗出對方的能量並且回應。如果對方用力推，你就輕鬆面對，設法在不抗拒下改變對方力道的方向。如果對方動作很輕，只是想讓你失去平衡，你的回應就要很明確。這個運動就是閉上眼睛，用心體會對方細微的能量與動作。據說，苦練多年後，你將可以在對手還未動作前就感覺到他的意念（我尚未達到這個境界）。我的體驗是，當你與對手的動靜一致時，會產生一種寧靜的警醒，那很像一種冥想的境界。那種境界也是太極老師鼓勵我們發展的「創意心態」空間。我們被要求忘記擊倒對手或「贏得勝利」。相反的，我們追求的是充分的警醒，這樣才能超越任何競爭的念頭，很單純地與對手發展出新的創意性互動。

當我將推手的概念引進商場，轉換傳統的偏執時，我立即強烈感受到親近對手的重要性。在這種練習中，如果你不貼近對方，憑直覺感受對方，一定會落敗。將它帶進商場競爭時，你要竭盡所能透徹瞭解對手，並且留意他們隨時會以出其不意的動作讓你失去平衡。那意味著你絕不可能忘記對手的存在，或視他們的動作爲理所當然。它也意謂你絕不能輕估對手。

在這一點上面，我與父親的看法一致。至於應該如何運用，我們的作法又不一樣。

以推手而言，關鍵是保持親近。它需要你發展出一種不怕對手，而是感受對手，超越對手的態度。這需要實做、警醒和自信。當我們回應外界時，起初通常是落入「競爭心態」。這也很正常，因爲我們的文化正是那樣教育我們，要我們表現那樣的行爲。但是太極告訴我們，人其實可以掌握自己，以另一種方式處理競爭關係，讓偏執的心態得以放鬆。

父親出名的偏執將這種形勢看成是競爭。他有傳統根深柢固的競爭心態，鎖定於在戰場存活或成爲第一。不過，我們其實可以把資本主義的事業本質看成一種舞蹈，或根本是我們的事業生活中的一種持續冥想。我的問題是，如何才能有創意地與這樣的經營形勢共存，而不是用一種戰鬥的態度。

偏執

領導者的複習清單

實踐／活動

・聆聽與行動

請大大小小客戶、員工直接給你個人的回饋，發展你的事業情報網絡，絕對不要依賴「部屬所言」。

・提高門檻

不要等顧客、客戶、員工或價值鏈中的伙伴開口，主動要求自己，並將成果展現出來，始終保持優勢。

・與恐懼建立良性的關係

找出會令你夜裡失眠的事情，主動解決它。

・對異常現象保持警覺

如果它看起來很「怪」，代表它可能很重要，必須把它弄清楚。

・留心後防

事無大小都須留意，因為錯誤沒發生前，根本無從判斷哪一件會是「大」事，哪一件是「小」事。

8 原則　領導的磐石

很多時候，你必須把個人安危放一邊，投身更崇高的目標。

——葛倫參議員

我們的價值是由生活中點點滴滴的溪流交織而成。

——法蘭西絲．賀賽蘋，彼得杜拉克基金會董事長

我能理解約拿丹對寧靜環境的觀點。開放的空氣會給你深呼吸與反省的機會。在都市裡，我很少注意到鳥兒。此刻我們父子走在藍嶺山脈的小徑上，我聽到鳥兒的歌唱、自己足履的沈重，也聽到約拿丹走在前頭的聲響。這個地方整天斷斷續續地下雨，讓岩石濕滑不堪。走在前面的約拿丹不時停下來等我，也不時伸出手來，以免我在攀爬過程中失去平衡。當你爲了避免摔跤，而緊抓著曾經教他如何走路的兒子的手，內心眞是百

感交集。

當我們到達山頂時，約拿丹說，儘管過程有風有雨，我還是可以感覺這一趟絕對不虛此行。我也一向認爲，辛苦必然有它的代價。大多數時候，眞正的收穫不在所達成的目標，而是過程本身。因爲過程讓我們操練與測試自己的正直與信用。一旦建立起這些特質，我們也開始相信自己。一旦我們領悟自己是可以被信任的人，自然就能領導別人。

要定義什麼不是原則，遠比說淸楚它是什麼容易。要理解原則這個概念，絕對需要實踐，在各種事務和行動上展現正直與信用。當原則被經常練習，才會表現出來。**原則**應該被想成是「動詞」而非「名詞」——一個動作狀態的詞彙。原則也不是那種你在公司年度會議上搬出來集體複誦，回到眞實工作時又束諸高閣的「古蹟」。展現原則絕對是領導者眞實的工作。領導者若無法在每天的工作中展現原則，將淪爲遊談無根，時日一久，他們必然威信掃地。

輔登領導力講座曾有一次轟動的活動。那是請來醫藥與營養領域廠商嬌生公司（Johnson & Johnson）董事長克利斯汀・潘（Christine Poon）來演講。潘不帶演講稿，直接上場談「價値」。她早年曾在施貴寶藥廠（Squibb）工作，在一九八〇年代，施貴寶是非常風光的藥廠，而且喊出「製造商的榮譽和正直是公司最寶貴的資產」的價值體系。潘在那裡體驗到「公司的價值可以帶來強大的靈感，最終決定公司的大小事務」。

當潘擔任嬌生公司董事長時，她已經是醫藥產業界職務最高的女性，也是大藥廠的實力派人物。潘告訴我們，她會選擇進入嬌生公司，因爲這家公司言行如一，大小決策都繞著信念進行。即使面對時代與市場的挑戰，也不例外。

潘強調，她非常認同嬌生公司從病人顧客出發，而非股東利益出發的信念。在嬌生公司，組織信念是，如果病人被妥善對待，股東的利益就會獲得滿足。這是公司創辦人詹森將軍（General Robert Johnson）親手寫下，白紙黑字說明公司的責任：

> 首要責任是顧客（醫師、護士、病人），其次是員工，工作所在社區，最後才是股東。

潘建議學生，無論身爲創業家或上班族，都應該找出自己的價值觀，想想自己希望活出來的價值，然後找一個能分享個人價值觀的環境工作。

領導者如果少了追隨者，也就沒有領導可言。但是你要有追隨者，就不能不表現出正直與信用。你的職銜可以是總統、發行人、首相、校長、董事、總理……這些職稱其實並不重要。可是，你如果缺少正直與信用，人們在你面前表現一套，背後卻會貶抑你，嘲笑你的宣示，更不會與你站在同一陣線。當然，如果在所需時間不長、對自己也有利的目標上，他們可能會在你需要的時刻出現，但是，當你涉及眞正的忠誠，追隨，必須爲你打硬仗時，想都別想！

當ACS執行長瑞奇到輔登演講時，他打出一張《紐約客》(*New Yorker*) 剛刊出的漫畫幻燈片。標題是：「最近民調顯示，相信耶誕老人的人多於相信企業執行長。」全場頓時哄堂大笑。在此之前，我才介紹瑞奇是一家上市公司的老牌執行長（我說到這一點時，幾個學生還皺起眉頭）。在當前這個時代，擔任領導者，你眞該學習瑞奇般自我解嘲。他能在這方面扮演領導者典範，因爲他擁有充分自信。瑞奇告訴全場學生，在執行長相繼爆發醜聞的風暴期間（ACS跟安隆公司一樣也在德州），他出席雞尾酒會做自我介紹時，總是形容自己是「一個討人厭的上市公司執行長」。這麼說當然換來一陣笑聲，或至少讓我們大多數人不會憑著第一印象倉卒做評斷。

信用

你應該誠實並體恤部屬。該認錯就認錯。

上市公司執行長曾有段地位高高在上的時光。他被視爲扮演對股東負責任、戮力維護公眾信任的角色。他也是一個值得信賴，掌理數百萬、甚至數十億美元營收的人；他是負責聘雇像小鎮人口那麼多、有時甚至更多員工的人；他是一個你可以依靠、誠實、深思熟慮、有社區意識的人。可是，過去這段期間，這樣的概念出現一百八十度的轉變。有些執行長放縱自己，任憑個人喜好延攬親朋好友，把董事會搞成爲惡質決策背書的橡皮圖章，或是當所作所爲造成公司長期虧損等重大傷害時，他們捲款一走了之。

董事會成員一般被認爲有監督功能，應該能制衡執行長的自以爲是，協助組織在同業中勝出，並代表小股東的聲音。然而，企業董事會在扮演客觀的治理角色上，顯然有違社會大眾的期許。當薪資報酬委員會一再通過執行長荒謬的退休報酬時，社會大眾知道，公司治理已經處於危險狀態。美國聯邦國民抵押貸款協會（房利美，Fannie Mae）、安隆企業、南方健康醫學中心（Healthsouth）、世界通訊企業（WorldCom）、泰科企業

（Tyco）、紐約證交所（NYSE）等組織的負責人，居然認爲他們理所當然享有這樣的特權。他們認爲，負責人的位子是一個換取個人利益的機會。他們雖然經常對股東和其他人談價值，但是自己卻沒有實踐這些領導價值。他們也許沒有在帳面數字做手腳，但是也沒有讓企業眞正獲利，讓員工加薪或分紅。即使如此，他本人還是照樣要求拿走大筆酬勞。這種人絕對是不稱職的。

上市公司是一種公共信託。股東就是企業的公民，理當從公司領導者的決策和行動中獲利。如果這些領導者和他們的屬下顯示出在專業倫理上有瑕疵，股東公民隨之喪失信心。喪失信心又會挑起非暴力革命，一度被看好的股票因此一落千丈，持有者紛紛抛售。如果貪婪成爲攫取領導者地位的出發點，我眞的憂慮這個概念遲早發展過頭，導致人們不再相信股票，甚至不再相信企業的投資價值。

如果演變到那樣的地步，我們在產業和創新表現上的領導地位終將不保。我憂心的還包括，即使有沙賓法案（Sarbanes-Oxley）監督，年輕人還是會把領薪水的工作，尤其是到大企業上班，與無可避免變得利欲薰心聯想在一起。而那些原本每天規矩正派經營的組織、企業、非營利組織也無從辯解。因爲這些組織根本上不了新聞。可以說，正是因為企業的領導出現危機，領導的重要性反而更加凸顯，也迫使那些每天工作、必須遵循各種原則、學習實踐、跟上公司機制的上班族覺醒過來。

前美敦力企業（Medtronic）執行長喬治（Bill George）是位能終身守住誠信原則不逾矩的執行長。他也是二〇〇三年暢銷書《真誠領導》（*Authentic Leadership*）的作者。喬治過去一直主張公司治理過猶不及。即使當他擔任高盛銀行（Goldman Sachs）、標靶百貨（Target Corporation）和諾華集團等全球最大的三家企業的董事，亦復如此。喬治對擔任執行長的人一再強調，重要的是聆聽你的良知，而不是股市分析師。他在二〇〇四年九月《快速企業》（*Fast Company*）雜誌中撰文評論說：「你的耳邊充滿股市分析師的聲音，告訴你『應該這麼做來拉抬股價』，領導者也因此開始回應這些聲音，並將良知放到一旁。」對那些過分屈從股市分析師感覺，不考慮公司長遠利益的執行長和董事會，喬治還給他們取了個**短命白蟻**（short termitis）的綽號。因為原則是不可能速戰速決的！

喬治是那種一點也不考慮自身利害或權宜性的領導者。他批評那些甘願充當執行長橡皮圖章的董事會時，照樣直截了當毫不拐彎抹角。在他擔任美敦力集團執行長期間，董事會有一次以十一票對一票，通過一宗購併案。大多數執行長會對董事會如此配合而樂不可支。喬治不然。他設法找出那位投下反對票的董事，利用週末與對方長談，請對方充分說明反對的理由。他知道當一個人有勇氣獨排眾議，堅持異議時，必然有相當充分的理由。當喬治聽完所有的論點後，他也同意對方的看法，而且回過頭來否決掉這個案子。喬治的領導信念，絕不是只想衝到終點線，贏得成功而已。他還希望知道，他與公司同仁的勝利真的是名副其實。這是一個重視實質勝利遠超過成功的案例。

成功來來去去，人們會記得的其實是過程當中的決策和行動，影響決策行動的人，還有，那些做出決策的領導者。這也是當了領導者仍然可以一夜無夢的原因。

那些蓄意欺騙、竊取股東利益的企業領導者和投資分析師，如今被一一公開起訴。他們是美國企業正在自清門戶的例子。董事會治理也在快速改變中，治理的新口號是**衍生式治理**（generative governing），要求董事會積極參與監督，同時發揮看顧全局和警示的作用。我對這個趨勢寄予厚望。但是它要結出果實，還需要很長的時間。它將需要嬰兒潮世代、X世代、Y世代、千禧年世代共同要求董事會改進本身的績效。有原則絕不只是領導力的實踐，它必須等於獲利能力的提升，展現在全球市場中競爭最重要的特質。

正直

你的每個動作，都反映出你是什麼樣的人。

前美國拜耳藥廠負責人達威，曾經歷過大風大浪，並且藉此證明自己堅若磐石的正直感。在二〇〇一年世貿大樓被攻擊，隨即發生炭疽熱病恐慌期間，拜耳藥廠有種抗生素Cipro，是唯一能治療炭疽熱病細菌的藥品。這個事實讓達威與拜耳公司頓時成爲全美國的焦點。

如果你已經忘記那段期間種種可怕細節，且讓我帶你重溫當時的情景。一位美國人死於佛羅里達州。他的死因被鑑定爲，因爲打開了一封受到炭疽熱病孢子污染的信件。國會山莊也收到一封藏有炭疽熱病細菌的信件，收信人是參議院少數黨領袖湯姆・達謝爾（Tom Daschle）的辦公室。這導致美國參眾兩院被迫關閉，進行所有房間的消毒工作。美國人民被告誡，除非他熟悉寄信人，否則不要隨便拆開收到的信件。電視新聞則向美國觀眾解說，應該懷疑哪些類型的信件。郵政工作人員希望政府保護他們，郵局用X光照射每封信件，導致送信時間牛步化。每個人都希望得到能夠對抗這種致命細菌的醫療保護，這時候，哪家藥廠有解藥呢？正是拜耳藥廠，達威手上持有 Cipro 這種藥。

當時的拜耳正逢原本寄以厚望卻表現不如預期的降低膽固醇藥 Baycol，準備以下架收場的重大挫敗。這個危機帶來的機會實在太誘人了。但是，當危機大到類似這種情況，領導者可以做的選擇實在太多太多。拜耳藥廠與達威選擇正大光明走大路。他在講座上告訴學生，二〇〇一年九月十一日後，一些對抗炭疽熱病危機不為人知的祕辛。在九一一當天，政府做的第一件事是測試紐約市的空氣，確定是否有炭疽熱病細菌存在。結果發現並沒有。達威接著說：

可是我們就像所有的人一樣，心想此時此刻的美國正處於最容易受到攻擊的脆弱狀態。因此，我們在這個時點上主動提高了 Cipro 的產能。同一天，我們將康乃狄克州配銷中心的 Cipro 運到紐約市各大醫院。我們是極少數被容許駛過跨河大橋的車輛，目的是確保醫院一旦需要 Cipro 時，供需無虞。這時候，我們以為情況已經在控制中。其實並非如此。

不久，炭疽熱病變成新聞媒體的頭條。政府希望拜耳藥廠提供大量的 Cipro。他們開口要的數量是，二〇〇一年底，政府需要持有九千五百萬顆 Cipro 丸劑。拜耳藥廠也接下這筆訂單，加速生產這種藥品。達威回憶，拜耳做的第一件事是，告知大盤商，政府擁有第一優先採購權，所有其他訂單都必須挪後。其次，拜耳藥廠捐贈 Cipro 給第一線工作人員，總共捐出兩百萬顆給郵政工作人員，以及負責消毒建築物、可能受到炭疽熱病威脅的人員。拜耳公司同時也與美國政府訂定供貨協議。拜耳與達威的表現，目的是建立起長期的信用和正派經營的形象。

危機情勢帶來緊張、失控和耗竭，但是對領導企業走過危機的領導者，這可能是一生中絕無僅有的機會，發現自己的原則付諸實現的重大意義。雖然達威的經驗是一個很極端的例子，可是每個人不都在每天的生活中，做出是否依個人的原則行事的決定？

承受傷害

以人性對待部屬，如果你誠實待人，他們會寬容你的錯誤，肯定你的優點。

偉人也是人，當然也會有瑕疵。但是他們必須公開正派地承認自己的瑕疵，即使必須付出代價，也能準備自我糾正錯誤。如果領導者能讓部屬看見他能認錯、自我改正、繼續前進，想像這種情境下受到激勵的第一線人員肯冒多少風險，願意嘗試多少錯誤，又能多麼坦然地認錯、改變，以及成長。認錯絕對需要勇氣，還帶有一定程度的謙虛與自信。我們從小就被教育，認爲如果自己不好，別人就不會喜歡我們。領導者的困難就在於，認錯會直接衝撞我們覺得比較舒服的社交條件。**原則**的實踐是一種不斷認錯、公開承認、努力改善、繼續前進的能力。當領導者能夠這麼做，他一定會贏得忠心耿耿的部屬。因爲這證明領導者也是人，就像你我一樣。

很多時候，領導者會犯錯。他們可能衝動地做出決定，忽略了告知同儕相關決定，拒絕採納忠言，令同儕公開受辱，或聘用不合格的老朋友。這些事情司空見慣。領導者必須設法做到表示歉意（必要時，公開道歉），然後採取必要步驟糾正自己所犯的錯。

多年來，我學到，也努力想讓部屬理解，犯錯時就該認錯道歉。我要幾位主管每天早上對著鏡子練習道歉。我可以誠實地說，道歉絕不是我的本性，但是，它已成爲我培養自己領導能力中最重要的一部分。要是你能道歉，你會在這過程中變得比較謙虛、人性化，甚至有彈性。如果你選擇領導工作，一定要確信你也會犯錯，也會在重要時刻傷害到自己與組織的可信度。好消息是，即使必須接受處罰，大多數時候，你會改正錯誤。

今天的年輕人打從心底不相信完美這回事。我想這可能是《我要活下去》（*Survivor*）和《誰是接班人》（*The Apprentice*）等電視節目大受歡迎的道理。因爲在每一集中都會出現不良行爲。我們是一群在不完美的機構工作的不完美的人。我們都很淸楚這一點。如果你希望部屬自願追隨你，領導者就必須坦承自己是什麼樣的人，還有自己所犯的錯。

責任感

組織出現問題時，扛起個人的責任，採取適當作法修正錯誤。

楊格過去主持百特集團的芬翁公司（Fenwal Laboratories）。百特那時是製造醫療器材的大型醫療集團。楊格作爲領導者，總是直率地承認自己的錯誤，並讓百特維持一定的透明度。

就像達威般，二〇〇三年三月，楊格在公司出現形象危機時，充分展現了他的正直與信用。危機出現在百特製造的血袋上面。百特的大客戶美國紅十字會通知它，在亞特蘭大的紅十字會血庫發現，有些百特供應的血袋裡有白色的微粒物質。

楊格並沒有找藉口，或將這個問題歸咎於溫度或一些自然產生的現象。他不支吾其詞，反而認眞聆聽，思考顧客心中的疑慮，並且要求對方將這些血袋退回，由百特在芝加哥的品質管制部門進行研究。研究結果發現，血袋本身並沒有問題。不過美國紅十字會沒等到研究結果出爐，已經搶先在電視上公布這件事。即使如此，楊格與百特的管理團隊也沒有刻意辯解。相反的，他和團隊努力解決紅十字會所報告的問題，發現能眞正解決這個問題的方法。

歷經這次突發危機後，楊格確保百特委託全美頂尖的血液輸送專家，進行一項獨立研究，以找出問題的根源。百特的產品被證明絕對安全，但那並不是重點，重點在於，楊格不歸罪或模糊焦點。作爲一個領導者，楊格扛起責任，解決顧客的問題，並在問題解決之前，一週七天，全天候緊盯這項議題，完全掌握事情的發展。在這個案例中，信用幾乎等同於責任感。不管你是否犯了錯，必須要能瞭解其他人焦慮不安、急需答案的處境。協助對方重拾自信，改正錯誤，繼續前進。

楊格對領導力的信念是，做正確的事情比結果更重要。對他而言，整個事件中，百特的形象問題並不重要，重要的是百特能不能做出正確的事情。領導者的工作是，無論是誰造成的錯誤，他都有責任要處理。這種不歸罪、只求解決問題的作法，為公司省下無數時間和金錢，瑞奇稱之為「誰對約翰開槍模式」（who shot John modality）：如果約翰帶著槍傷走進來，你不要馬上進行採集DNA檢體，決定子彈的彈道，追查兇手身分……你要做的是全力拯救約翰的生命。如果你想搞清楚問題的來龍去脈，分析所有細節，約翰可能早因失血過多而死。瑞奇的意思簡單說，就是做楊格所做，如果看到問題，趕快解決它，不要忙著調查或推測問題原因，直搗黃龍地做出正確的事情！以後有時間，

約拿丹說——

當父親與我步行討論危機處理時，發生了一件有趣的事情。我說，「誰對約翰開槍」的思考源出佛教。父親說，「你在胡說什麼？怎麼可能是佛教的哲理？這是一種企管概念啊！」我如何答辯呢？「當時就有佛教式企業啊！」我們就像Abbott與Costello般（譯註：美國喜劇活寶二人組，卻常經歷一些不平凡的挑戰），在辯論不休中翻過一座山頭，然後對一個隱喻所引發的風暴大笑一番。這個故事其實是二千五百年前的釋迦牟尼佛說的。他原本的說法是：「有一個人前胸中了一箭。這支箭屬於誰，由誰射出，或是由誰打造，其實都不是重點。」釋迦牟尼佛說你我當時唯一的目標應該是，實踐同情心，減輕傷者的痛苦。拯救約翰，拯救中箭者，拯救瀕臨毀滅的企業……以最堅定不移的態度、專注力和正直心這麼做，而不要考慮它的後果。

好比血止住了，傷勢穩定了，再來分析原因還不遲。可是，危機時刻，千萬別這麼做。

楊格堅持他的部屬不能當「記者」，而是「行動者」。當他在百特時，曾經發生一件讓他很不舒服的事情。他有幾位高階主管回報問題時，態度就像在新聞編輯室中，完全事實導向、不帶情緒、消極被動。楊格承認，他不需要只會回報問題的部屬。他要的是肯正派工作，直到找出合宜解決方案，進入實做過程才鬆手的人。

前輔登大學校長，也是領導力講座首任負責人歐海爾神父向班上學生強調，責任感在學術領域同樣很重要。他回憶第一年擔任大學校長，與其他二十八位耶穌會大學校長進行圓桌會議時，很驚訝的發現，大夥對責任感的欠缺。「我擔任大學校長的第一個風險就是，差一點陷入在位者吹噓浮誇的誘惑。你總是告訴別人情況有多好。」

歐海爾說，他當下想到史帝芬·山普（Steven B. Sample）所寫《領導人的逆思考》（*The Contrarian's Guide to Leadership*）中，也提到這類的爭議。歐海爾的說法是：「你想**有**校長的派頭，還是**做**校長的工作呢？如果你只是單純想過過校長的威風，享受其中的場面與禮遇，很快的，你就會變得無足輕重。相反地，如果你想執行這個職務，做出困難的決策，就必須敞開心胸準備面對犯錯、衝突和困難，表現出你在乎這一切，也願意解決問題，這時候，你的重要性就出來了。」歐海爾主張，領導者角色重不重要，需要當事人很誠實地研判組織的情勢，而且勇敢因應所面對的艱難事務。

堅定不移

展現你的勇氣。無論是什麼情境，哪怕財務損失或失去職務，依然表現出你的誠意。

實踐原則是你面對一個實實在在的混亂情況時，依然屹立不搖。大都會人壽總經理托比塔有一次去印尼視察，就徹底領悟到這個道理。在當地一次會議中，一位女性與會者站起來詢問，公司允許主管與部屬有婚外情嗎？托比塔說，不容許。有些人無法接受他的說法，公然反嗆他把美國價值觀強加在印尼文化的企業上，因為當地在這方面是很開放的。托比塔回答，這與美國式道德觀完全不相干，他也從沒想過要把美國人的觀念放進印尼的企業，他這麼說的理由很實際，它是著眼於管理績效的考慮：

從定義上說，要做個有信用的主管，他（她）必須堅持兩個原則：他（她）必須客觀地判斷部屬的績效，還有，部屬必須認爲作爲主管的他（她）夠客觀。假如主管與一名部屬上床，他（她）在爲那個部屬打考績時，就不可能客觀。這與道德無關。這是企業營運的問題。大都會人壽的組織文化是追求最佳的經營實務。這種組織文化超越一切價值。

托比塔展現了領導者必須堅持原則的立場，並且清楚地向員工溝通這些原則。這也是爲什麼他的回應那麼重要，必須被充分理解。當公司文化與在地文化出現衝突時，公司原則必須擺在前面，而且有原則通常意味著必須說「不」。

就個人而言，開口說「不」，通常是一個人追求事業目標時，最不願意做的事情。當我年輕時，企業好比一門穿越障礙的基本課程。你迫不及待想攀爬翻過下一堵牆，單腳跳過輪胎陣，在泥巴池裡飛奔。一聲令下你開始行動，眼中只有終點線。眼前無論出現什麼，你的心中只有趕快抵達終點那個念頭。如果你翻不過那堵牆，就設法撞破它繼續前進。我（以及許多我們那一代）能從小主管爬到董事長，就是靠著這種態度。我在最後一個執行長職務上待了十五年，原因是我每天都生氣蓬勃，穿著運動鞋上班，努力克服橫在眼前的重重風險與障礙。

那段時間，我是不折不扣文斯・隆巴迪（Vince Lombardi，譯註：隆巴迪爲美國歷史上最成功的高中足球教練，在激勵團隊成員表現上有獨到的成就）的信徒。他說：「勝利不是什麼，它是唯一要務。」不過，不久前，我經歷過一件事情，協助我修正一味攻擊前進、克服障礙的觀點。

發現「不讓步」的原則

我走進曼哈頓最亮麗的一間辦公樓大廳，進電梯前，制服筆挺的警衛彬彬有禮地指指我的筆記型電腦，要求事先檢查。他檢查時的禮貌也是我在機場所看不到的。在鋪了大理石板的電梯裡，我看到樓層數字快速上升到四十三樓。走出電梯，主人熱情地歡迎我，引我進入一間貼了名貴橡木的會議廳。一張氣派華麗的餐桌上擺著精美的午餐。主人還爲我倒了一杯沛綠雅（Perrier）氣泡礦泉水。這個地方非常傳統。沒有女性，沒有少數民族，沒有小於五十歲的成員。有的只是充分享受個人重要地位的舊式企業的董事們。

從窗口向外看，景色非常壯觀。那是全紐約最好的景觀點。這絕對是你夢寐以求，很難相信它眞的存在的會議廳。你可以感受到，一旦成爲這裡的成員，立刻晉升爲權力核心的一分子。

青綠的沙拉完美地擺在我超大的餐盤裡，白色的餐巾平攤在我的大腿上。主人是這家企業的執行長，也是我過去的同事、朋友，如今則是提議邀請我加入這個董事會的提案人。他輕輕地對我說，這個過程不會有正經八百的面試，只是一場權力、地位相當的同儕的聚餐……至少當時我也是這麼想。

正當我開始放鬆，一位董事出口指責，拷問我這個可能成爲董事的人，究竟何德何能，可以爲這個董事會帶來什麼貢獻。我似乎曾在某個電視談話性節目中看過這位先生。他喜歡自說自話，甚至看來還準備發表一篇即席演說。他顯然樂在給我壓力，但是對我將如何回答或是否有不同意見，絲毫不感興趣。他那名人的地位讓其他董事噤若寒蟬，大夥乖乖地坐著看他大放厥詞。

當時的我可以有幾個選擇。我一般的反應是，管他是攤泥巴水還是堵牆，我當然是奮戰到底。根據我對醫藥產業的知識，加上我在績效表現上的自信，先把他的氣焰壓回去再說。正當我思考自己該嗆什麼回去，而他終於停止發表高論時，一個嶄新的念頭突然浮現，一個以前我從不會考慮的作法……我起身準備走人。

當你在職場打滾四十年後，希望你也像我般練出一套直覺，告訴你哪些人能開明地面對新想法，哪些人又傾向自說自話，哪些人則是臭屁到不行，完全不考慮公司的價值。你也會培養出一套對組織文化是否歡迎創新的直覺判斷。我看了看周遭的情景，感覺到最昂貴的水晶杯在手中的重量，好好地將它放回紅木會議桌的托盤，然後離開自己的位子。我真不敢相信自己竟然這麼做，那個老鬥士到哪去了呢？那個隆巴迪訓練出來、要不計一切獲勝的愛徒如今何在呢？

我起身，將椅子歸位，扣好西裝，微笑著說：「在董事會工作是非常忙碌的。我相信這家公司也是如此。我也希望貴公司蓬勃發展，這是我到這裡的原因；可是我的時間也很寶貴，我不希望將它浪費在難以共事的人身上。此刻的我就有這種感覺，恐怕將來也如此。」接下來，我做了一件以前不可能做的事情。我轉身、走出會議室。幾分鐘後，該公司執行長在電梯前堵住我，滿口道歉，懇求我重新考慮考慮。我拍拍他的背，謝謝他，然後離開。

走出辦公樓大廳，重新回到充滿活力的紐約市中城街上，看到一家雪茄店，我就站在麥迪遜大道口和四十六街之間，燃起雪茄，看著周邊正在進行的眞實生活，然後自問經過那麼多年的突破障礙訓練課程後，也許我終於學到最困難的一課，領導者也有選擇不玩的時刻。

吸著我的雪茄，整理一下思緒，想想自己剛剛究竟做了什麼事，這些事又有什麼意義之際，一個穿著嘻哈服裝的青少年經過說：「老闆，幾點鐘啦？」我伸手讓他看我的錶面，然後語帶嘲諷地說，「時間只留給有意義的事情。」說「不」，一般不會帶來釋放的感覺，可是此時此刻的我，很快察覺自己確實做了正確的決定，而且那種感覺又比任何獎賞還要甜蜜。當你還年輕時，要理解這一點並不容易……所有事情都逼你朝成功邁進，但是沒有原則的成功，其實是一場空。如果我接下那個董事會的職位，我的酬勞當然會非常可觀，在一些圈子裡，我也可能顯得更成功。但是我的內心卻不會平靜。誠實面對這一點吧，你的內心根本不在乎外表如何如何。

勇氣的代價

做你認爲該做、但你懷疑別人不一定理解的事情時，絕對需要勇氣。要說明這一點，這裡就有一個絕佳的例子，也就是前美國陸軍參謀長艾瑞克・辛賽基（Eric Shinseki）將軍的遭遇。二〇〇三年二月二十五日，當辛賽基在參議院國防委員會的伊拉克戰爭聽證會上作證時，他被問到究竟需要多少美軍才足以應付伊拉克局勢。

辛賽基輝煌的軍旅生涯長達三十八年。他曾是越戰的美國陸軍指揮官，波斯尼亞內戰時北約的美軍駐歐洲指揮官。他認爲不需要說場面話，因此告訴卡爾・列文（Carl Levin）參議員，至少需要數十萬美軍駐防才有用。辛賽基提出這項證詞的同時，也正是當時的國防部長倫斯斐（Donald Rumsfeld）努力說服國會，伊拉克戰爭只需要有限度的地面部隊。當辛賽基的評論公開後，倫斯斐與當時國防部副部長保羅・伍夫維茨（Paul Wolfowitz）大大不以爲然。伍夫維茨宣稱，辛賽基的看法「偏離事實」。辛賽基儘管遭到個人和專業上的重創，並沒有退縮。他不僅必須面對來自新聞媒體的口頭攻擊，而且還要承受史無前例，距離任期屆滿還有十四個月，上級就宣布繼任人選的羞辱。可是，無論是威脅或羞辱，辛賽基並沒有終止他堅持的原則。他從未改變對參議院的證詞，他保持低調地堅持著。

討好老闆歡心當然對升官有幫助，至少走在權力當局希望看到或執行的路線上也才安全。但是辛賽基不能這麼做。他從不允許自己成爲乖乖牌。他所從事的專業雖然有服從命令的要求，不過辛賽基將軍相信，成爲一個戰士意味著屹立不搖，而且只從子弟兵安危的觀點說話。這個信念造成他短時間內飽嘗不快與折磨嗎？沒錯！可是對於在越戰失去一條腿的戰士，他絕對比別人更知道什麼是折磨。辛賽基拒絕屈從於美敦力集團的喬治所稱的「短命白蟻」。他決定不管政治上多麼不受歡迎，還是要按照自己的原則說話與行動。對所有原本就認識他或因這件事而開始肯定他的人，那就是英雄本色。辛賽基很清楚政治是浮動的、一時的，原則才是永遠的。堅持原則是一個長期的志業。短時間內，他的報償也許不會慷慨大方的出現，甚至不會公開出現，但是當眞理出現時，根據原則行動的你攬鏡自照時，心中自然充滿尊嚴。

約拿丹的觀點

爲個人的原則奮戰遠比信守不渝容易多了。

——**阿爾弗雷德・阿德勒（Alfred Adler）**

我認為大多數人把原則想成鐵板一塊。可是任何原則都應該有必要的彈性。美國人推崇的禪宗大師史蒂夫・哈根（Steve Hagen）說過一個納粹禁衛軍的故事，藉以詮釋原則的彈性。這個軍人的職責是，挨家挨戶地在非猶太人區搜捕猶太人。哈根指出，如果我們奉行德國哲學家康德（Immanuel Kant）所言，至高無上的命令是不能逾越的，那麼，當一個人被問到家中是否有藏匿猶太人時，他就必須實話實說。可是如果這個人站在門邊告訴納粹沒有時，至少躲藏在他家的猶太人家庭將可以安全地多活一天。康德從未想過會有這麼非理性的情況出現，人們必須被迫說謊以做正確的事情。

這個故事的重點是，少了彈性和對什麼是對的事情的認識，我們將陷入一個危機，讓自己淪為原則的機器人。我們做某些事情，因為我們被指示要這麼做，而不是出於良知。在這一點上面，父親說得好極了。當他說原則是一種主動實踐時，那就表示我們需要經常思考原則這個東西。

楊格正是被放進這麼一種兩難的情境。他被要求履行公司服務公共衛生的企業責任，而且還要為一個不是他所造成的問題負起責任，甚至還要找出一個解決方案。在這種情況中，楊格非常投入。他按照原則行事，承受失敗，忍受打擊，而且毫不辯駁地徹底解決相關問題。

至於忠誠的問題該怎麼辦呢？如果你是一名陸軍戰士，大原則是，你必須執行上級的命令，而且不能有任何質疑；軍隊就是這樣辦事的。這也是辛賽基將軍的案例變得非常有趣的原因。在這裡，我們有美國陸軍參謀長，一位一流的戰士打破了關於忠誠的規則，公開反對上級，甚至是三軍總司令的判斷，勇敢說出他相信的眞相：美軍部隊在伊拉克的優勢其實並不夠。

對辛賽基而言，成爲一個「好戰士」，意味著關心部隊的需求，服務與聆聽來自部屬的聲音，而非盲從上級的意見。這裡的重點是，忠誠或個人責任本身並沒有好壞……它們都是鬆散的概念，賦予它們重要性的是事件或情境本身。這是爲什麼我們主張將**原則**想成是必須行動的動詞，而非靜態的名詞。對每天接觸各種新狀況的人，原則就在你認爲該怎麼做。這裡面沒有公式可言。

這也是爲什麼領導力始終帶有一種神祕的性質。因爲到最後，你根本無法具體說明什麼是原則，你也無法寫下成爲領導者的方程式，更重要的是，你必須在情境的關聯性中努力實踐那些信念。

對我而言，一旦你認爲自己的原則可以被明白指出，它已經喪失自身的生命力，並且將你引入歧途。我與同儕必須使用腦力與創意工作，選擇如何過自己的生活。我們並不相信人的行爲有一套遊戲指南，規則和處方也不必然帶來信任，因爲它們都帶有控制的意涵。偉大的領導者之所以偉大，正是因爲他們行事出人意料，在處理所面對的環境時，有足夠的彈性讓事情表現得恰到好處。偉大的領導者絕不片面地照著規則辦事；他們對工作與生活保持開放的態度，而不給絕對的定義或結論。

在《散步》中，梭羅寫道：

> 我們決定要走正路這件事爲什麼那麼困難呢？我相信自然界有一股微妙的引力，它會引導我們走上正確的路。只是我們不自覺地迴避它。一個人該走哪條路，當然是件非同小可的大事。正確的路也只有一條。可是我們很容易喪失方向感，愚蠢地走上錯誤的路。

散步是我們撰寫本書時，非常重要的核心活動。這個活動兼具鍛鍊身體和心靈的功能。另外，這項活動的隱喻也非常重要。我們選擇走什麼路呢？當面對選擇時刻，我們要往哪個方向呢？我們是否遵循羅伯特・弗洛斯特的詩，走一條人煙稀少的路，做一些與我們生活落差很大的事情，或是選擇比較安全、狀況良好的大路呢？要活出我們的原則，意味著我們必須做困難的選擇。梭羅宣稱我們知道正確的方向，只是我們喜歡迴避它罷了。當我們仔細聆聽，我們會聽到梭羅所稱的正確道路，就在我們的內心。可是我們越是貼近聆聽，服從自然，越需要我們對各種自我的誘惑說不。它意味著我們要走拒絕不道德報酬的道路。如果功勞屬於別人，我們不應該搶功。如果過失在己，我們要直直地走進風暴中心。我們的內心知道，哪條路才是實踐原則的生命道路，當我們抗拒它時，可以感覺到內心和靈魂的緊張與壓力。

我想到父親看到有些事情與他的原則相抵觸時，他選擇站起來，走出豪華的董事會議室。接下來，他在街頭打電話給我。我還記得那天他在電話中愉悅的語氣。他剛放棄一大筆財富和耀眼的權勢，可是因爲他的內心歡娛，這令他快樂無比。領導者知道，自己所做的選擇會在誘惑過去後長久留在記憶中。一個人做了錯事，有沒有被抓到其實並不重要。違背你的原則就是會讓你覺得不舒服，即使金錢和職銜都不能讓那種感覺離去。

原則
領導者的複習清單

實踐／活動

・信用

你應該誠實且體恤部屬。該認錯就認錯。

・正直

你的每個動作，都反映出你是什麼樣的人。

・承受傷害

以人性對待部屬，如果你誠實待人，他們會寬容你的錯誤，肯定你的優點。

・責任感

組織出現問題時，扛起個人的責任，採取適當作法修正錯誤。

・堅定不移

展現你的勇氣。無論是什麼情境，哪怕財務損失或失去職務，依然表現出你的誠意。

9 實踐 永不止息

你不能口頭上説得漂亮，行爲上都是問題。

——柯維

我們在北卡羅萊納州最後一段徒步旅行，約拿丹帶我長途跋涉攀爬日耀岩（Shining Rock）。我們走在亞特勒布（Art Loeb）小徑。按照約拿丹的說法，它是藍嶺山脈中最有特色的小徑之一。橫跨北卡羅萊納州與田納西州之間的群山稜線上，一路盡是青翠覆蓋，要看清楚所在高度位置，以及橫跨多少山脈的話，就必須找到一個開闊的俯視點，單單走在小徑中通常是看不到的。因此，這趟旅行的大部分過程，你只是不停地穿越濃密的樹林。

日耀岩有各種迥然不同的風光。當你走上這塊巨岩，可以看到開闊的群山在身邊展開，風在耳邊嗚嗚作響，頭頂上的藍天彷彿觸手可及。頓時冒出一種人與山合爲一體的奇妙感覺。經過長途跋涉，我喘得說不出話來，也不敢相信景色怎麼這麼美。我只能不停地深呼吸，享受這一切。

在登山途中，我們打開無線的錄音器材，開始討論關於本章的主題：實踐。我們錄了幾個小時自認爲最有創見的對話後，此時得以回頭檢查錄音內容，聆聽所錄下的材料，可是聽到的卻是沒完沒了的山風。眞是令人惱火。幾天後，當我們把錄音器材送進特殊視聽服務中心，試圖搶救回一些清晰的對話時，我突然領悟到這次美麗風光給我們的教訓。在大自然的風中，話語是不安定，非常浮動的，行動才是永恆的。我們走在開闊的山中成功登上日耀石，才是這趟旅行最重要的意義。領導力的實踐也是一樣，別人會記得、甚至永難忘懷你曾經做過什麼，至於你說的話則很快就被拋到一旁。光是靠一張嘴不停地說，你是無法到達卡內基廳（Carnegie Hall），你必須實踐、實踐、再實踐。雖然我們已經忘了攀登日耀岩途中說過什麼話，我們希望這趟旅行風波背後的意義，還有後來錄音的內容，也就是現在你所看到的，還是能對你有所幫助。

領導的一切都來自實踐。我們在這本書每個修練所說的一切，都需要實踐。實踐也是各種領導力的主要成分。我們從它開始，以它做終結，因爲實踐不太可能是一個目標，它本身就是一種前進的方式，是達成目標的道路。實踐會改變一個人，讓他的身心以一種新的方式和世界接軌。這個道理適用在舞蹈家、音樂家、運動員、醫師，當然也適用在領導者身上。我們實踐不只是單單爲了一個目標。我們實踐，因爲我們熱愛自己選擇遵從的紀律。實踐是一種工作和生活方式，沒有始點、中點，也沒有結束。當你執行「實踐」時，你的責任就是時時刻刻完全投入，毫無保留。

你要領導，就必須熱愛實踐。這份熱情將引導你度過那些困難和徒勞無功的歲月。領導者會在自己的能力上下功夫，不便宜行事。他們不會把個人才華看成是天賦。他們被驅策，努力改善自己的能力，好隨時協助他人自我改善。領導者也不保留，他們所有的實踐都是爲了激發、帶動追隨者朝他們的路徑前進。領導者也不會把任何事物看成理所當然，他在每道食譜中羼入實踐這味材料，少了這一味，他知道結果也將走味。

所有受邀在輔登領導力講座演講的領導者，之所以被選擇，不是像股市分析師的觀點，看重他們多有名或多成功，而是因爲他們確實努力實踐自身的責任，沒有半點偏廢。這也是我要傳達給班上學生和讀者的訊息。

所有領導力的「修練」中，實踐最需要決心。工作總有逆境，環境總有誘惑，可能來自家中、工作場所或朋友發生了什麼事，搞得你心神不寧，無法完成預定目標。你要設法不分心，需要強大的自制力。實踐力絕非與生俱來，它其實是一種習慣。對你、對每個努力工作的人而言，好消息是，風采和能力是可以後天養成。在前面討論的諸多修練中，熱情和目標這兩項最能帶動工作情緒，而且越做越起勁。問題是，如果你在工作中並沒有這種美好的感覺怎麼辦？如果你感覺工作期間並沒有熱情，目標感也沒有隨工作而來呢？這是每個人都必須捫心自問的關鍵問題。答案也是區別哪些人可以成為領導者，哪些人只能當一般人。

領導者也有家庭、朋友和所有一般人會遇到的陷阱；不過他們看得更高更遠。他們承認那些都是必須化解和正面迎戰的事實。他們可能擁有一、兩萬名員工，或像托比塔般，雇用四萬七千人。只是我相信，當他們能堅持這些修練，就能通過這些分心的挑戰，領導大夥持續朝共同的願景邁進。這些領導者時時刻刻實踐這些修練。他們從未達到完美的境界。他們只是比別人更認眞努力。領導是一種勞力密集的工作。

馮・埃森曾說到，一個人每天要做的只是無論狀況好壞，都要面對現實，努力表現出最佳的狀態，而不是敷衍應付罷了。這是一種工作習慣的養成，可以鼓勵你無論外在環境如何，都能每天起床認眞工作。

我不知道人們是如何培養這種能力。可是很明顯的，有些人就是培養得出這種能力，也有很多人始終做不到。這是領導力最神祕的部分。有些人就是會偏離跑道，無以爲繼。他們今天有個想法，明天卻又不知道爲何要堅持下去。

如果你沒有實踐的方法，如果你對事情是怎麼發生一無所知，你只會一直停留在現狀，而且難以擺脫困境。高明的登山者在攀爬陡峭的山岩時，總是會先確定自己已經綁好繩索才行動。如果一場大風吹來，一棵樹倒下來，或是出現山崩時，至少他們還有繩索讓自己停在安全的地點等待救援。每天實踐這些修練，就是一種幫助你攀登領導山岩的方法。這條繩索幫我們往上攀升，更重要的，它避免我們失足墜落。

當困難的挑戰出現，而你也養成執行「實踐」的習慣，你的背包就有應付困難的錦囊妙計。你擁有的是一種測試過、可以克服各種挑戰的態度。前先靈堡雅企業總經理策山在講座中指出：「在自己的職務上，每個人都是創業家。」沒有人能完全控制世界上正在發生的事情。變化往往出乎意料。保持實踐的態度，你可以告訴自己，這個產業、這個領域、這個職務、這個部門才是我能有所控制、做些改變的地方。你做出決策，組織因此而成長，你也盡了自己對社會的義務。這就是實踐。它會創造一種有意義、直接因果關係的感覺。

領導絕對是最偉大的挑戰。因爲它眞的不是在管理資源，而在於瞭解人性。每個人心中都渴望有所實踐。他們希望生活中出現一些自己知道可以有所作爲、也能實現的事情，甚至是一些自己也說不清楚的事。領導者必須給他們這種情境。他必須給追隨者一個屬於自己、而且知道自己可以做出一些不同表現的空間。

另一個很重要的是，擁有一個在工作上實踐的社群。瑞奇告訴我們，在ACS，他們努力實踐的是迎戰小瑕疵。因爲這些小瑕疵如果不及早因應，就會導致耗費龐大成本的錯誤。瑞奇是個充滿實踐心態的人。因爲他知道，如果能在工作上分享實踐的意識，ACS就能蓬勃發展。

久而久之，領導力只關切一件事，就是我們如何實踐。無論現在或未來，我們能做的也只有這件事。領導力是沒有終極境界的。如果你認爲已經達到一個終極境界，那你就成爲過去式了。可以想想喬丹（Michael Jordan），沒有球場上的上籃動作，也就沒有比賽時的石破天驚。我們必須緊緊地看好自己，絕不要低估人性中志得意滿的趨向。領導力是沒有終點，也沒有比賽結束的一刻。它是一種必須全心投入的終生實踐。

一些不很瞭解我的人會問我，我何時才會退休。我的回答是，永不退休。我很清楚，一旦開始思考退休，就已經陷入誤以爲沒什麼好實踐的危險。你可以從一個職位或一間公司中退休，但是如果你希望保持生產力，保持對周邊事物的興趣，你就不可能從領導的實踐上退休。

本書的開場白提到，我將告訴各位如何進行「實踐」這個修練。最近神經科學家的研究顯示，專業音樂家的腦神經連結狀態，其實與一般每週練習兩次的業餘愛好者不同。這就是實踐的結果。能力一旦被淬煉到一定程度，其實是可以被偵測出來的。這裡要給各位讀者的訊息是，你要成爲領導高手，就必須實踐這九種修練，將它們變成你的第二天性。

溫頓・馬沙利斯（Wynton Marsalis）要成爲全球頂尖爵士音樂家、最有品味的小喇叭手，就必須努力練習爵士樂。籃球方面的喬丹、高爾夫球界的老虎・伍茲（Tiger Woods）、電影界的梅莉・史翠普（Meryl Streep）統統如出一轍。他們的藝術形式與他們是怎樣一個人是合而爲一的。他們的生活就是一場實踐。領導力的方式也是如此。不過，千萬留意不要自稱是領導者。傑出的演員、畫家和雕刻家都很小心，不會自稱爲藝術家，而是由別人這麼稱呼他。

這也說明領導力中，實踐這堂課其實是：**你必須實踐領導力**，那也意味著你必須整合、同步地進行所有的修練。你可能已經注意到，本章並沒有列出五項可以遵行的實踐清單。這一章其實是前八章，四十個要領的整合。這些能力中每一項都是你需要的。我可以告訴各位，這第九項修練是最難的一課，它是你在追求未來成功時必須仰賴的救命繩索。

約拿丹的觀點

有學生問義竹大師（Master Ichu）：「請爲我寫下偉大智慧的語錄。」義竹大師拿起毛筆寫下「警醒」（attention）這個詞。徒弟問：「就這樣嗎？」大師繼續寫了：「專注警醒。」（attention attention）

——夏綠蒂・淨香・貝克（Charlotte Joko Beck），《每日禪》（Everyday Zen）

對於在日耀岩的對話錄音被大風吹得聽不清楚一事，我只有一個感想：人生比我們想的還要偉大。當時我們有一場思考上精彩又清晰的言詞交鋒，對話中，我們彷彿看到了永恆。可是緊接著我們就爲缺少可以顯示這些思考的實質材料而沮喪不已。一種白忙一場的感覺。我承認，在企業裡，這是無法原諒的事情。

自然界挫敗了我們的計畫。印度詩人暨哲學家泰戈爾（Rabindranath Tagore）寫道：「在我的生命花園裡，財富是影子與光線，它們從未聚集也從未停駐。」當話語在風中消逝，我們才會眞正用心「消化」彼此所說的話（還有在懸崖邊享用的鮪魚三明治午餐），並感受那些大風。

對父親的觀點，我的評價要從夏綠蒂．淨香．貝克的話開始。她是美國最能淸楚詮釋如何實踐禪宗的人。在她的故事裡，保持警醒才是重點。我們必須對如何實踐保持警醒。如果我們只是死背這些要領，根本不可能抵達希望擁有的領導職位。我們有很多同儕，七早八早就鑽進會議室，筆記寫得密密麻麻，不停地向老闆請示怎麼改進。這是許多人攀登職場階梯，爭取職位，往更高職務衝刺的方法。可是我並不認爲這是領導者實踐應該有的行爲。因爲它只是大家都知道的職場賽局遊戲的條件和作法罷了。有時候，我們越是辛苦努力，期望成爲領導者，離這個目標的距離也越遠。

在隱修院裡，有個小徒弟問師父：「如果我努力實踐，多久可以悟道呢？」師父回答：「十年。」然後就準備走開。小徒弟不死心繼續問：「可是，如果我非常非常努力呢？」師父仔細地看看他後回答：「二十年。」這時師父拿起掃把，開始清掃門庭。目瞪口呆的小徒弟還不死心，又問：「如果我日日夜夜不停地實踐呢？」師父回答：「三十年。」

在這個禪宗的故事裡，那位師父不僅看到小徒弟急於想要悟道的渴望，也預見這個孩子要走的路將比別人更辛苦，因爲悟道本身並非終點，它只是一條路徑。領導力也是一樣。它不是終點，它是一種在世上生活的方式。

這裡要提出來的警告是，本書所提到的實踐是不可能一看就懂，或在一夜間功德圓滿，額頭貼上「領導者」字樣的標籤。我們的文化渴望一切事務都能快速完成，但是實至名歸絕對需要時間。它需要歲月帶來的成熟。就好像一顆橡樹種籽要長成一棵大樹，絕對需要一段時間。這個奇蹟是急不來的。沒有土壤、水分、陽光、肥料，再加上時間，其實一切都不會發生。橡樹種籽的智慧在於它直覺地知道這一切，因此不會急急忙忙探出頭來，每五分鐘就喊一句：「各位，我做得怎麼樣呢？」它只是按照自己的步伐朝著成熟邁進。

從每位接受訪談的領導菁英身上，我們學到的其實是，他們只是日復一日、年復一年地實踐。我們能做到最好的情況是，好好安排自己進行這些修練，不要將它們看成是一門必須通過的考試，而是當成一種生活形態。如果你拿起這本書，希望看到一些在商場成功的策略，那麼你挑錯書了。我知道有些讀者就是會期望本書最後能將九種領導力修練做個總結，歸納成更簡單的「小撇步」（must live bys）。問題是，在這片彩虹的盡頭，其實並沒有那樣的黃金。每個人都必須像顆橡樹種籽般成長，而且希望能持之以恆。

當一個人在領導力實踐上保持警醒，最後就變成一種精神上的修練。它意味著你不停地回頭詢問那些相同的問題：「對**我**而言，領導有什麼意義呢？」這是一種持續的**公案**（koan）式修行。答案也會隨著我們生活的改變而有所不同。領導者最終的責任就在於，爲其他人創造出能順利完成工作且產生更積極意義的情境。這麼一個位子當然責任重大，也更需要對其他人保持關注。

在我心中，要成爲實至名歸的領導者，意味著他把照顧別人、爲別人設想的工作，看成一種終極的特權。父親與我都同意，實踐是一個路徑而非達到某一目的的手段。我從禪宗老師汀女．米尼赫（Teijo Munnich）那裡學到很多。她坐禪三十年，每天早上六點開始靜坐，從不間斷。這對我有何啓示呢？它其實就是名副其實的實踐，到頭來，不是某人做了什麼事，而是某人成爲某事。我們要能成爲自己所期望的那樣，絕對離不開實踐，它也必須從我們身上表現出來。這種體現絕非是靠某種神力，也不是一蹴可幾。它是透過日復一日的努力，經過不斷自我改造和加強而來的。

10 尾聲

天意

有時候，你因爲有個目標而成爲領導者，也有些時候，其實是天意（providence）找上你，進而讓你發現自己的目標。後者，也是這堂課的重點，則是我們無法控制的，而它就存在你我的生活當中。在每次聆聽輔登講座演講人的談話，或進行一對一的訪談時，要不了多久，就會有人不大好意思地提出「天意」這個問題。當然，在輔登大學這所宗教性機構，天意的想法不足爲奇，即使在企管碩士班也是如此。

不過，天意這個修練並非兩位前輔登大學校長歐海爾神父或麥克蕭恩神父提出。它第一次被認眞探討，其實是由前雷曼兄弟控股公司（Lehman Brothers）副董事長薛曼·李維（Sherman Lewis，當事人在本書出版前過世）在班上提到，並將它列爲第十個修練。

當我們與財星前一百大企業惠氏藥廠董事長兼執行長羅伯特・埃斯納（Bob Essner）交談時，他也提到這個課題。所以，薛曼、羅伯特，這第十個修練是紀念你們而談的。

李維是在伊利諾州的工業小鎮長大。他的父親、叔叔、所有朋友都在當地安克哈金玻璃廠（Anchor Hocking）工作。這也是李維原本的打算。高中畢業後，他已經選好想要買的別克敞篷轎車，也打算向高中女友求婚。可是就在這一切發生前，天意出現了，他獲得海軍儲備軍官團（Naval ROTC）獎學金，可以進入西北大學就讀。另外耶魯大學也發給他入學許可。他選擇西北大學的理由是，這所學校離家比較近。

這裡面還包括老爸的堅持，逼他心不甘情不願地改變計畫。不過李維也聲明在先，先讀一個學期看看，如果念不下去就還是回家，進玻璃工廠工作，買別克車，娶老婆，一如原先所規劃。長話短說：李維從此走上一條新路。他發現自己熱愛數字和財務策略，而且在這兩方面頗有天分。

大學畢業後，李維在金融界找了一份工作。雇主以供應學費的方式，鼓勵他繼續進修企管碩士。再一次，他半開玩笑地說，有何不可呢？李維強調他並沒有清晰的生涯發展規劃，因此，今天的成就必須歸因於天意。一切順其自然下，李維發現了自己的天賦。

李維接著領先進入金融商品市場，這裡面包含華爾街最刺激、獲利最豐厚的抵押證券業務。就像我們接觸過的其他領導者般，他將自己的好運歸功於沒有按照自己原先的計畫。

另一個精彩的例子是埃斯納。他於一九八九年加入惠氏藥廠，接下來領導這個藥界巨人長達十六年，也改變了美國和國際醫藥產業的面貌。埃斯納的一生幾乎都在醫藥產業界，靠著他對企業發展的獨具慧眼，以及他一貫對公司治理的堅持，他讓這個產業的許多環節改頭換面。

多年前，當我遇到埃斯納時，我以爲他很早就把醫療保健事業設定成自己的舞台。因爲他堅定不移的熱情和明顯的目標，很清楚說明他從未考慮過生命中還有其他選擇。不過這個想法與事實相去甚遠。

埃斯納也是出身中西部。他生長於俄亥俄州阿克倫鎮（Akron,Ohio），大學念的是牛津鎮上的邁阿密大學（The University of Miami in Oxford, Ohio），主修歷史學，也熱愛這門學科。他夢想自己將成爲歷史學教授，而且不考慮其他選擇。在研究所階段，他就讀芝加哥大學（離李維所讀的西北大學不太遠），想要攻讀歷史學博士。不過，當他獲得碩士學位時，風聞美國當時大學教職供過於求，沒有太多聘用機會，歷史學門在這個問題上面尤其嚴重。作爲一個務實的俄亥俄人，他想最好幫自己找個備案，以因應謀生需要。因此他在醫藥產業找到一份工作，設想一旦學術界的情況好轉，再回去完成博士學位，並將餘生奉獻給一所小型學院的歷史系。

但是天意並非如此。埃斯納很快發現，商業領域有一種歷史學所欠缺、面對當前與未來時的不確定性。他雖然熱愛歷史（直到今天仍是業餘的愛好者），但是比較起來，權衡未知情勢做決策又更刺激。商業大有可爲的緊張刺激，加上生產病人所需要藥品的滿足感，讓埃斯納得到一種前所未有的、充滿喜悅的目標感。打從孩提時代就認定自己會當一輩子的歷史老師，卻因爲就業困難，從而發現自己進入一個眞正想追求的生涯路徑。天意啊！

意第緒語說：「人類一思考，上帝就發笑。」我們不可能充分知道什麼東西對我們最好。有時候，那些我們認爲導致自己偏離既定軌道的情境，才是眞正我們的目標所在，並且從此徹底改變我們的生活。

當你練完前面九個修練，我們希望你放空自己，以喜樂之心體驗人生旅程，也讓第十個修練：天意，一種不可知的可能性，引導你走向正在前面等待的全新旅程。

約拿丹的觀點

天意又稱爲機會。

——**威廉・卡姆登（William Camden）**

天意這個詞，會令我不舒服地想到喀爾文教派的預選論（predestination）。不過，埃斯納和李維所談的是意外情境的祝福。達賴喇嘛也要我們記得，沒有得到你想要的，有時反而是一種福氣。當我專攻劇本寫作獲得藝術碩士學位時，我只想成爲全職的劇作家。我的作品曾經得獎，也頗受老師肯定，還被英國劇作家龐德（Edward Bond）鼓勵。當我住在洛杉磯時，他還爲我寫了推薦信，幫助我取得曼哈頓戲劇俱樂部（Manhattan Theatre Club）劇作家會員資格。我是那麼渴望成爲劇作家，幾乎可以感受到美夢成眞的滋味，可是這個想法從未成眞。那段時間，我的傲慢加上對戲劇的理想主義，還有根本看不起電視這玩意的態度，讓我無法躋身洛杉磯電視劇作家的行列。

因此我離開了洛杉磯，可是並沒有往紐約市發展，相反的，我前途茫茫地來到北卡羅萊納州阿什維爾鎮，只因爲一個在劇作家研討會認識的人大力推薦這個地方。她對藍嶺山脈的描述非常有說服力，我就這樣上鉤了。接下來有段時間，我過著一種近乎完美的生活。我們夫妻有間喜愛的小屋，有份似乎極有意義的工作，沒有經紀人，也沒有洛杉磯的交通阻塞。我還記得，當時的我眞的希望這一切都不要改變。接著，小兒誕生了。突然間，每天的時間，住家的房間，還有錢，全都不夠用了，一切必須有所改變才行。我現在回頭看，很難相信當初這些令人感謝的改變出現時，自己竟然那麼徬徨不安。很清楚的，小兒出生對我具有難以形容的意義。天意會把你帶到某個從未想過的地方；關鍵在於你如何用一種驚喜的態度，擁抱這個意外的機運。

我認爲，偉大領導者的特徵在於，他面對天意時俯首聽命的順服程度。而這對領導者是多麼大的挑戰。我們熱愛做企業規劃：目標、策略、戰術。有時候，當我想到自己掌控某一形勢的感覺有多麼美妙，就好像你是一切的主宰時，我都可以感覺到自己猛吞口水。當我們被打倒，事與願違，馬上會提醒自己：「好啊，我不強求這些，我能做的就是學習逆來順受，耐心等待。」當天意降臨而我們又是被召喚的那個人時，我們只能接受，而非質疑、抱怨或斥責，就是抱著一份感恩的心，調整自己以適應新的情勢，然後進行必要的自我改變。

我認爲自己的生活是一種天意嗎？可能吧。我相信我仍保有足夠的自由意志。事實是，我個人的選擇，加上天意所帶來，遠超過我所能控制的情勢，造就了今天的我。我心存感激。

結語 如今，我們知道原本所不知的

約拿丹

丘卓（Pema Chödrön）是第一個被任命爲西藏密宗女喇嘛的西方人，也是加拿大新斯科舍省修道院（Gampo Shasta Abbey in Nova Scotia）院長。她曾經寫過《轉逆境爲喜悅》（*The Places That Scare You*）這本書。她的理論是，一個人要完全發展成熟的唯一途徑是，直接走進那些令我們害怕的地方。

當我二十一歲時，獨自搭乘灰狗巴士在美國旅行了一萬英里，所有行李就是一個背包，幾本書，一點錢，外加一本日記。我在旅途中幹過各種奇怪的工作，包括與酗酒者、吸毒者和流浪漢一起打零工，我沒有害怕的感覺。我也曾在紐約緊臨喬治華盛頓大橋旁，昏昏暗暗的加油站擔任大夜班工人，手上還握有大筆現鈔，不過我拒絕持槍自衛，因爲我不怕。我也曾做過照顧街民、貧民窟住戶的工作，我沒有害怕。在秋末冬初的季節裡，我在蒙大拿和懷俄明州冷到不行的山區露營，早晨起床時發現，新雪已經將我的帳篷壓垮，這也不會令我害怕。一九九六年冬、春交替之際，我還住過耶路撒冷的舊城區，汽車就在我身邊爆炸，我還是沒有害怕。

可是，與父親一同走路，寫一本書的計畫，真的把我嚇到了。家庭是一個在你的生命中最深層的愛恨交織的地方。當你必須毫無保留地拜訪這個地方時，你根本不知道結果是什麼。當計畫要進行，我們父子必須緊密無間地合作時，我心中有著期待，也充滿恐懼。這是爲什麼我知道這件事非比尋常，而當父親一開口問我，這件事情就勢在必行。

在進入商業世界前，我對它存有不少偏見。那是一些我認爲不足一提、是我的自以爲是、傲慢與無知所產生最惡質的偏見。我的這些偏見無所不在，甚至對自己所愛的人也不例外。我認爲要對抗那些穿著法蘭絨西裝的男男女女，這樣的偏見是正當的。我認爲他們穿著的企業制服，他們所服務的產業，根本就沒有創意。我也下意識地認定，「他們」是受金錢驅動，毫不在乎環境，也不重視與孩子相處的時間。

當自己踏入企業，後來又與父親進行一百英里的徒步之旅，合力撰寫這本書，讓我有機會深刻地挖掘自己這些偏見的假設，並且開始意識到我先前錯得有多離譜。這段期間，我接觸到擁有極度創意、過著充滿意義的生活的思想家。他們深切關心環境、家庭，以及個人的正直誠信。他們當中有些人確實穿著灰色法蘭絨西裝，在金融服務、法律、保險、製藥和消費性行銷等領域工作。我對各種不同文化的開放態度，突顯出自己因為反主流而抱持偏見的荒謬。撰寫這本書教導我，要打造一個更美好的世界，商業與非商業界其實是彼此需要，缺一不可。這些人都是高明、有創意、有活力的人，他們希望領導追隨者自我提升，團結在一起。偏見只會成為實現這個理想的障礙。我因此展開自己的實踐，努力拿掉這些錯誤的標籤。

丘卓曾說過一個死刑犯在監獄中改變的故事。她回憶那個人看著關掉聲音的電視畫面。他對抗爭和示威新聞很感興趣。他開始注意到，無論那些運動是三K黨還是綠色和平組織發起的，如果聽不到其中的話語，這些活動看起來其實很像。他看到當人們憤怒時，他們的表情其實都一個樣子。比起臉上表情所傳達、對對立面的恨意，他們說了什麼並沒有多大意義。

父親與我有因爲這個寫書計畫而更親近嗎？在這部分，我是說不清楚的。我們有因此改變嗎？絕對有。經過似乎沒完沒了想要說服對方自己才正確的過程，我們學會了聆聽彼此。就像梭羅所說，「放下偏見絕不嫌遲。」父親和我都很幸運，爲時不晚。對你而言，這麼做也絕不嫌遲。

桑德

當孩子成人也自己當了父親，父子要聚在一起絕不是件容易的事情。我不認爲約拿丹會瞭解在此之前我的所作所爲，瞭解我爲什麼對某些事情那麼在乎，以及打造成功事業爲什麼對我那麼重要。當你覺得孩子並不瞭解你的所作所爲時，你的生命中就不是圓滿的。孩子通常會認爲只有他們才需要被我們接受。但是我們其實也需要被他們接受。我們需要知道，孩子尊敬我們，不只是因爲血緣的關係，還因爲他們瞭解我們。

孩子對你的瞭解一定比別人多。因爲他們看著你的一生經歷。他們尋找你所發出的憤怒、愛、信心、鼓勵的訊號。玩味這些訊號，讓他們學會如何在你身邊生存，取得他們所需要的。他們也學會模仿，學習如何處理每天的生活。長期下來，我想你會一直幻想著，既然孩子從小模仿你，他長大後必然像你。但是結果根本不是如此。一開始，那讓人感覺像是一種侮辱，因爲他們拒絕了所有你所給予的。

但是，孩子長大後，你還看到他們絕不只是模仿；他們會實驗，直到發現什麼對他有用爲止。有個和你不一樣的兒子，就像我的約拿丹，其實是上蒼的恩典，因爲你擁有的不只是個兒子，也是老師。這一點在我那充滿創意和才華的女兒帕蜜拉身上，也非常貼切。你意識到子女並非一個模子印出來的，而是另一幢全新建築。你意識到身爲父親，你有機會繁衍出一個新的世界。你教導他們，他們也教導你，兩相結合，你們一起成長爲全人，而不是完全依靠自己摸索。這是一個奇異恩典。

最後，爲人父母是我所知道最佳的領導力模式。我們訓練年輕一代，好讓他們有朝一日能夠飛出鳥籠，超越我們，而且回過頭來教導我們一些我們沒有教的事情。我雖然不會騎腳踏車，卻教過約拿丹如何騎腳踏車。我還記得站在傅萊齊廣場(Fletcher Court)，那條伴隨他長大的街上，看他踩著一輛紅色腳踏車逐漸騎遠，自己卻緊張到不行。我大聲喊叫：「約拿丹，不要回頭看！專心踩……專心踏……向前看！」他還眞的就照著做了。

約拿丹說，我現在學騎腳踏車還不算晚，接下來找一天，他將教我如何騎腳踏車，那麼我們的下一本書，將是一趟穿越亞洲的腳踏車之旅。想到這裡，我可真是迫不及待。

國家圖書館出版品預行編目資料

領導學散步／Sander A. Flaum, Jonathon A.
Flaum 等著；李明軒譯. -- 初版. -- 臺北市
：大塊文化，2008.09
面：　公分. -- (from ; 53)
譯自：The 100-Mile Walk ：a father and
son on a quest to find the essence of leadership
ISBN 978-986-213-084-1 (平裝)

1. 領導理論

541.776　　　97014690

LOCUS

LOCUS

LOCUS

LOCUS